青少年

篮球

学练技巧一点通

尹 伟◎著

吉林出版集团股份有限公司
全国百佳图书出版单位

图书在版编目（CIP）数据

青少年篮球学练技巧一点通 / 尹伟著 . -- 长春：
吉林出版集团股份有限公司 , 2022.6

ISBN 978-7-5731-1593-5

Ⅰ . ①青… Ⅱ . ①尹… Ⅲ . ①青少年—篮球运动—
运动训练 Ⅳ . ① G841.2

中国版本图书馆 CIP 数据核字（2022）第 096168 号

QINGSHAONIAN LANQIU XUE LIAN JIQIAO YIDIANTONG
青 少 年 篮 球 学 练 技 巧 一 点 通

著　　者：尹　伟
责任编辑：孙　婷
出　　版：吉林出版集团股份有限公司
发　　行：吉林出版集团青少年书刊发行有限公司
地　　址：吉林省长春市福祉大路 5788 号
邮政编码：130118
电　　话：0431-81629808
印　　刷：北京亚吉飞数码科技有限公司
版　　次：2022 年 6 月第 1 版
印　　次：2022 年 6 月第 1 次印刷
开　　本：710mm×1000mm　1/16
印　　张：13.25
字　　数：153 千字
书　　号：ISBN 978-7-5731-1593-5
定　　价：48.00 元

如发现印装质量问题，影响阅读，请与印刷厂联系调换。

前　言

篮球运动富有活力，趣味性强，入门简单，集健身、健心、益智于一体，是一项备受青少年喜爱的体育运动项目。

洒满阳光的篮球场上，几个青少年正在运球、过人，一路奔到篮下，其中一个青少年帅气跳投得分，然后潇洒转身继续投入运动中。这是多么美好的画面，充满朝气和运动活力。如果你也想参与篮球运动，成为他们中的一员，不妨阅读本书来了解和认识篮球，学练篮球技术，享受篮球运动。

本书带你探寻篮球运动的起源与发展，了解篮坛球星与明星球队，认识三人篮球、街头篮球、花式篮球等丰富多彩的篮球运动及篮球运动的益处，熟悉篮球场地、规则与装备，使你在运动场上更加得心应手。阅读本书，你将深刻认识到增强身心素质的好处及必要性，并对篮球运动安全有更深的了解。本书还会为你展示和剖析各种篮球技术、篮球战术的要点及魅力，令你充分体验篮球运动的快乐，绽放青春光彩。

为了让青少年更加轻松、全面地认识篮球，丰富篮球知识与技能，本书特别设置"篮下畅聊""指点迷津""温故知新"板块，增强了可读性和指导性。整体来看，本书语言亲切生动，内容通俗易懂，图文并茂，是青少年学练篮球技术、享受篮球运动的良师益友。

体验篮球运动的快乐，感受篮球运动的魅力，畅快淋漓地挥洒你的青春汗水。阅读本书，享受篮球，收获一个更加有活力的你！

作　者

2021 年 12 月

目　录

第一章

"巨人"的运动：篮球

篮球场上的少年积极突破防守、快步上篮，他们身姿矫健、动作敏捷，真是令人羡慕。仔细观察就会发现，如果两名篮球少年的球技相当，身高上更占优势的少年似乎实力更强，事实也正是如此，这也是职业篮球运动员身材都很高大的原因，在争夺篮球制空权时身材高大的运动员更具优势，因此篮球被称为"巨人"的运动。

　　篮球运动富有激情、充满乐趣、有助于增强青少年的身心素质，如果你也喜爱篮球，就大胆加入这项"巨人"的运动中来吧，你将收获快乐、收获友谊、收获更勇敢和强健的自己。

探寻篮球运动的起源

● 篮下畅聊 ●

热爱篮球的你有没有想过：人们最初是如何发明篮球这项有趣的运动的呢？最初的篮球和今天看到的篮球是一样的吗？早期打篮球的人，是分组作战，还是各自为战，关键时一拥而上？篮球场上的球员们又是按照怎样的篮球运动规则展开训练和比赛的呢？

篮球运动的起源

篮球从诞生起发展到现在已经有130多年的历史了，现在的篮球运动与早期的篮球运动有着很大的不同，下面就一起回到百年前，去看一看是谁、怎样发明了篮球这项有趣的运动。

★ 源自一个游戏灵感

1891 年，美国的冬天天气异常寒冷，学生无法长时间在户外参与体育运动，这让他们无法得到充分的身体锻炼，学校的老师们对此一筹莫展。

有一位叫作詹姆斯·奈史密斯的体育老师，受学校的委托和指示，为学生设计一项可以在室内开展的体育运动项目。经过一番思考，詹姆斯·奈史密斯突然从一个小游戏中找到了灵感，即让学生们模仿小朋友向桃篮（装桃子的筐）投石子的游戏，将球投向桃篮。

为了完善投篮游戏，詹姆斯·奈史密斯找来两个桃篮，并将它们分别固定在健身房里的看台的栏杆上（桃篮上沿距离地面约 3.05 米）。然后，詹姆斯·奈史密斯拿来了球，将其作为比赛的工具，并将学生分成两组进行比赛，他要求学生们在场地上尝试抢球，然后将抢到的球投入篮内，投入一球加一分，按最终得分决定两队的胜负。"篮球"就是因为最初这项游戏开展时用的是桃篮和球而得名的。

★ 不断改良的篮筐和篮板

在反复的投篮游戏运动实践中，人们慢慢发现了桃篮的弊端，即只要有球投进就要搬梯子爬上爬下取球，既耗费体力又耽误时间。于是，人们决定拆掉篮筐的底部，这样当球投进篮筐后就能从底部直接漏下来继续使用。

大约在 1910 年，人们尝试在篮筐后加上玻璃篮板，防止球飞出场外。但是，因为玻璃篮板的成本太高，所以后来改用木制篮板。直至 1913 年，金属篮圈下挂无底线网的篮筐取代了像篮子一样的篮筐，并被普遍使用。

现代篮球篮筐和篮板

篮球运动的正式形成

★ 一场表演让篮球运动进入大众的视野

经过詹姆斯·奈史密斯的精心设计以及学生的反复实验，学生对篮球运动有了更深入的体会和了解。

1891 年，詹姆斯·奈史密斯特意将投篮游戏作为圣诞表演项目公开表演。詹姆斯·奈史密斯把 18 名学生分成两队，为观众呈现了一场精彩的篮球表演比赛。在表演过程中，为了让观众们都能看懂，詹姆斯·奈史密斯为观众们做了详细的讲解。

这场表演，让篮球运动被更多的人关注和认识，篮球运动进而逐渐发展成为一项正式的体育运动项目。

★ 早期篮球运动规则

最初，篮球游戏和比赛没有统一的规则，篮球场上经常会出现这样的场面：哨声一响，几十人一哄而上，球被抢得满天飞，球员们互相野蛮地推来推去。可想而知，这种场面有多么混乱。

虽然球员必须拼尽全力去赢得比赛，但也不能无视规则，否则不但会失去比赛的公平性，而且容易造成身体的损伤。

为了保证比赛的有序进行，詹姆斯·奈史密斯特意制定了五项规则，这是篮球运动最早的较规范的运动规则。

早期的篮球运动规则

| 投篮工具要用类似于足球的质地柔软的圆形球。 | 比赛过程中只能用手传球，不能用脚踢球，不能用拳头打球，不能用头顶球、不能抱球跑动。 | 不可以推、打对手，避免野蛮、粗暴的身体撞击。 | 每位球员都可以根据需要随时占领任何位置。 | 投掷的篮筐必须是悬空的，且和地面平行。 |

早期的篮球运动规则

直到今天，在篮球运动中，詹姆斯·奈史密斯提出的五条规则都没有改变。1908 年，美国高等院校体育协会制定了全国统一的篮球规则，还被翻译成多种语言发行于世界各地，加上篮球运动简单易学、活动有趣，很快，篮球运动就在全世界范围内传播开来。

了解职业篮球

随着篮球运动的不断发展，越来越多的运动爱好者和运动组织开始关注、参与到篮球运动及相关工作中去，篮球运动凭借自身的运动魅力得到了更多关注并日益完善。

1898 年，美国新泽西州特伦顿的球队开展了一场"有偿篮球赛"——不列颠大百科全书将其认定为第一场"职业篮球赛"，此后，职业篮球赛盛行，运动员凭借打篮球能获得不错的收入，职业篮球队靠赢取比赛名利双收。职业篮球赛促进了篮球运动竞技水平的提高。

1936 年，男子篮球正式成为奥运会的比赛项目。

20 世纪 90 年代，为了让奥运会更加精彩和更具有吸引力，国际奥委会决定允许职业篮球队员参赛。从此，篮球运动的职业化特征越来越明显。

指|点|迷|津

NBA

NBA（National Basketball Association，美国职业篮球联赛）是一个球星辈出、影响力非常大的篮球联赛。

NBA 的赛程包括四个阶段：季前赛、常规赛、季后赛和总决赛。

NBA 共有两个联盟：东部联盟和西部联盟。

NBA 的常规赛采用主客场制，于每年的 10 月末至第二年的 4 月中旬开展比赛。每年的常规赛结束后即开展季后赛，其先在东部联盟和西部联盟内进行，共开展三轮，三轮比赛后，东、西联盟的冠军会进入 NBA 总决赛。不过，NBA 联盟于 2020—2021 赛季开始实施了新的季后赛规则，改为东西部前六名直接晋级季后赛，7—10 名分别进行附加赛以获得季后赛名额的形式。

NBA 的总决赛采取"7 战 4 胜制"，主客场制按照"2 场主场 +3 场客场 +2 场主场"的顺序开展，最终赢得 4 场比赛的球队就是 NBA 总冠军。

篮坛球星与明星球队

● 篮下畅聊 ●

　　很多青少年喜欢上篮球运动，是从关注了某位球星或某个球队开始的。这些青少年也许是着迷于球星帅气的样貌、精湛的球技或独特的个性，也许是折服于球队的团结、不服输的精神以及强大实力。那么，请说说你喜欢哪些球星和球队，哪些方面让你为之着迷。

🏀 熠熠生辉的篮坛球星

　　从篮球运动诞生到现在，有很多优秀的篮球运动员通过不懈努力成长为篮坛巨星，也成为无数青少年的榜样，激励着青少年爱上篮球、投身篮球运动。接下来重点认识以下几位篮球明星：

★ 威尔特·张伯伦

威尔特·张伯伦,美国人,身高 2.16 米,司职中锋,别名"篮球皇帝"。

威尔特·张伯伦是美国篮球历史上首位全能型球员,他不但有着极好的身高优势,还在力量和敏捷性上天赋异禀。在 100 米跑中,威尔特·张伯伦可以轻松跑进 11 秒。除了拥有良好的身体素质,威尔特·张伯伦在篮球技术上也表现得异常出众。在 NBA 新秀赛季就锁定名人堂,这一点至今无人能与之媲美。

1958 年,威尔特·张伯伦正式成为 NBA 的一员,开启了自己的篮球职业生涯,并陆续创造了多个 NBA 历史纪录。比如,威尔特·张伯伦是唯一一位在赛季比赛场均得分超过 40 分和 50 分的球员,最好的一次是单场 100 分。他是 7 届 NBA 的"得分王",11 届 NBA 的"篮板王",1 届 NBA 的"助攻王"。威尔特·张伯伦在自己 14 年的 NBA 职业生涯中共得了 31419 分,是第一位突破 30000 分大关的 NBA 球员。

★ 迈克尔·乔丹

迈克尔·乔丹,美国人,身高 1.98 米,司职后卫 / 前锋,绰号"飞人"。

1984 年,迈克尔·乔丹被芝加哥公牛队选中。2009 年,迈克尔·乔丹入选名人堂。

迈克尔·乔丹有着超强的篮球技术和防守力,曾获得过 6 次 NBA 总冠军,5 次 NBA 最有价值球员奖,共 39 次获得过 50 分以上的得力,等等。

迈克尔·乔丹凭借自己超凡的弹跳力、敏捷的突破、精准的后仰跳投以及顶尖的防守力造就了"篮坛完人"的形象。

★ 沙奎尔·奥尼尔

沙奎尔·奥尼尔，美国人，身高 2.16 米，司职中锋，绰号"大鲨鱼"。

2016 年，沙奎尔·奥尼尔成功入选 NBA 名人堂，是 NBA "50 大巨星之一"。

在 NBA 职业生涯中，沙奎尔·奥尼尔创造了许多辉煌的成就，如每场比赛的平均得分为 23.7 分、篮板球 10.9 个、盖帽 2.3 次。据统计，沙奎尔·奥尼尔在其 NBA 职业生涯中共得到了 28596 分，拿下 13099 个篮板球，投篮命中率为 58.2%。

★ 姚明

姚明，中国人，身高 2.26 米，司职中锋，别名"小巨人"。

姚明是中国第三位（前两位是王治郅和巴特尔）进入 NBA 的中国球员，被认为是 NBA 技术最全面的中锋之一。

姚明不但有着良好的身体条件，还对篮球运动有着极高的悟性。14 岁时，姚明顺利进入上海青年队。18 岁时，姚明成功入选中国国家篮球队，穿上了令其无比荣耀的中国队服，为祖国赢得了许多荣誉。2000 年奥运会上，姚明平均每场得分 10.5 分，6 个篮板球和 2.2 次盖帽，平均每场投篮命中率达到 63.9%。2001 年，姚明参加了亚洲篮球锦标赛，帮助中国国家队拿到了最终的冠军。

2002 年，姚明以状元秀身份被选入 NBA 的休斯敦火箭队。2016 年，姚明正式入选 NBA 名人堂，成为第一位获得这项荣誉的中国人。

凭借高超的篮球技能，姚明在国际篮坛获得一席之地，不仅实现了个人价值，还为祖国争得了荣誉，他的努力和拼搏精神值得每一个青少年学习。

★ 郑海霞

郑海霞，中国人，身高 2.06 米，司职中锋。

郑海霞在 1982 年进入中国国家女子篮球队。1997 年，郑海霞被美国职业女篮联赛 WNBA 选中，加入了洛杉矶火花队，成为首位入选 WNBA 的亚洲球员，并荣获了"最高命中率奖"。2021 年，郑海霞入选名人堂。

在郑海霞的职业生涯中，她依靠自己过人的天赋和艰辛的努力创下累累硕果。她曾助力中国女篮获得 1982 年第 9 届女篮世锦赛的第三名，并于 1982 年和 1984 年均获得了女篮亚青赛的冠军。1986 年，荣获第十届女篮世锦赛"最佳中锋奖"，并于决赛中获得"最佳得分手"的称号。曾参加过 4 届奥运会、4 届世锦赛、4 届亚运会、8 届亚锦赛，在各届赛事中均表现出色，并成功开启中国篮坛"郑海霞时代"。

郑海霞在篮球事业上的成就不但给中国体育界赢得了荣誉，还为全世界的女子运动员带来了拼搏的勇气。

指｜点｜迷｜津

NBA名人堂

对于一位篮球运动员来说，入选NBA名人堂是无上的荣耀，代表着被一个时代的篮球迷们所铭记。

NBA名人堂的全称是Naismith Memorial Basketball Hall of Fame（奈史密斯篮球名人纪念堂）。NBA名人堂被修筑在美国91号高速公路附近，是一幢三层高楼。

NBA名人堂其实是一个巨大的篮球博物馆，陈列着大量有关篮球的文字描述、录像带、光碟等资料。但是，要想入选NBA名人堂并不是一件容易的事，必须付出极大的努力。

入选NBA名人堂，必须满足以下资格：

- 真正对篮球事业做出过杰出贡献。
- 普通球员需要在退役5年后才能参选，教练需要有25年以上的执教经历方能提名。
- 接受名人堂成员的严苛审核。

实力超群的明星球队

如果你对篮球运动的认识并不那么全面深入，但又很想融入其他同学关于篮球的讨论，那不妨先来了解几个明星球队。

★ 洛杉矶湖人队

洛杉矶湖人队最初成立于明尼阿波利斯，之后搬迁至洛杉矶。之所以取名为"湖人"，是因为明尼阿波利斯有着"千湖之地"的别称。

1948 年，洛杉矶湖人队加入了 NBA，对其做出贡献卓越的人物有科比·布莱恩特、威尔特·张伯伦、沙奎尔·奥尼尔等。

在 NBA 组织的一系列比赛中，洛杉矶湖人队获得过诸多荣誉，如 1951—1954 年获得队史首个三连冠，1980 年代获得 5 次总冠军，1999—2002 年获得队史第二个三连冠，2008—2010 年获得两连冠等。湖人队最近一次夺冠是在 2019—2020 赛季。

★ 芝加哥公牛队

芝加哥公牛队建立于美国伊利诺伊州芝加哥市。因为芝加哥的畜牧业极为发达，所以当初在成立一支职业橄榄球队和一支职业棒球队时，人们想到了用动物名称来命名。当在谋划成立一支职业篮球队时，人们很快想到了"公牛"这一名称。

1966 年，芝加哥公牛队加盟 NBA，对其做出卓越贡献的人物有迈克尔·乔丹、丹尼斯·罗德曼等。

从 1990 年至 1998 年，芝加哥公牛队共获得 6 次 NBA 总冠军。

★ 休斯敦火箭队

休斯敦火箭队成立于美国得克萨斯州休斯敦市。休斯敦市设有航天中心，当地人为此感到非常自豪，进而会直接将一些街道、餐馆及球队等命名为"火箭""宇航""太空"等。因此，"火箭队"的诞生也就不难理解了。

1967 年，休斯敦火箭队正式进入 NBA，对其做出卓越贡献的人物有德雷克斯勒、摩西·马龙、姚明等。

休斯敦火箭队曾在 1993—1994 赛季、1994—1995 赛季获得 NBA 联盟总冠军。

★ 费城 76 人队

费城 76 人队的前身是锡拉丘兹民族队，是 NBA 联盟最初的成员之一。"费城 76 人队"这一名称是为了纪念 1776 年美国独立宣言在费城签订宣布。

1949 年，费城 76 人队加入 NBA，对其做出卓越贡献的人物有朱利叶斯·欧文、阿伦·艾弗森等。

费城 76 人队曾三次获得 NBA 联盟总冠军，分别为 1954—1955 赛季、1966—1967 赛季、1982—1983 赛季。

对于一个普通球队而言，要想获得优异的成绩，除了离不开优秀的球员以外，还需要球员之间有着极强的凝聚力。可想而知，任何一个明星球队的诞生绝对不是轻而易举的事情，首先它必须是一个具有超群实力的团体。

三人篮球、街头篮球、花式篮球

● 篮下畅聊 ●

　　如果你是一个很想学习篮球运动技术的青少年，那么当你看到球员们在篮球场上拼尽全力地移动、传接、防守、投篮等画面时，你一定会非常激动，甚至想要马上加入其中。但转念一想，当前既找不到足够的球员又担心自己的水平影响球队的成绩。那么，你不妨先尝试一下三人篮球、街头篮球和花式篮球。你知道这三种篮球各有什么特别之处吗？

🏀 简约但不简单的三人篮球

　　三人篮球起源于美国。根据名字就可以推断出，三人篮球只需要三个人就可以组成一队。在形式上，三人篮球同五人篮球一样，有正规的组织方法、比赛规则和裁判方法等。可以说，三人篮球的发展轨迹始终没有脱离正规篮球运动。

因为三人篮球不需要队员全场奔跑反击，不会耗费大量的体力，所以很适合青少年练习。三人篮球具有以下特点：

★ 技巧性强

三人篮球比赛需要用到跑、跳、传、投等各种技术动作。在三人篮球比赛中，双方要用一个篮筐，既要同场竞技，又要攻守交替，所以对技巧有很高的要求。因为人数少，所以每个球员都可以有更多的控球时间，对技战术的应用也更为灵活。

★ 趣味性明显

三人篮球是一种极具趣味性的运动。在一场三人篮球比赛中，参与的人并不多，攻守的空间足够宽敞，所以人们更加看重得分。如果球员通过进攻而得分，那么他/她一定会为此感到开心，从而始终保持着对这项运动的热情。

另外，为了赢得比赛，同一队的球员一定会为了实施某些战术而无比重视彼此之间的积极配合，有利于培养青少年的团队合作意识。

潇洒的街头篮球

街头篮球是美国青少年经常开展的一项篮球游戏活动，它是传统篮球的一种延伸，属于篮球运动的一部分。但是，街头篮球又不同于传统篮球，具有自己鲜明的特点。

★ 张扬个性

街头篮球的比赛特别注重张扬个性，一般都开展于街球组织内部或组织之间。正因为街头篮球比赛的规则都是参与者自己制定的，所以其规模通常不会太大。

在街头篮球比赛中，每一名球员都能尽情地展现自己的个性，充分地释放灵感与激情，将音乐、舞蹈、杂技和篮球融合在一起，将篮球变成了一种艺术。因此，街头篮球深受广大青少年的喜爱。

街头篮球

★ 限制少，互动性强

对于比赛的场地、队伍的组成、比赛的设施等，街头篮球比赛都没有过多的限制，所以是很容易开展的一项运动。同时，因为街头篮球比赛的规则很简单，所以要判断出违例或犯规的行为是很容易的。

在比赛过程中，球员可以用身体的任意部位接触篮球。甚至在比赛过程中，球员可以将球迷邀请到赛场上一起领略街头篮球运动的魅力。

酷炫花式篮球

花式篮球是篮球运动的一种。花式篮球不需要正规的比赛场地，只需半个篮球场大小的空旷硬地，在合适的位置摆放一个篮筐，就可以进行比赛。花式篮球运动如同杂耍一样，其传球和扣篮也极具想象力。总体而言，花式篮球具有以下几个特点：

★ 技能酷炫

因为花式篮球是一种以娱乐为目的的篮球运动，所以球员们在比赛过程中并不注重防守，反而更加注重呈现花哨的运球技术，令人眼花缭乱的突破技巧及精彩的扣篮表演。也就是说，在花式篮球比赛中，球员们会展现各种酷炫的篮球技巧，让其他球员和观众忍不住为之欢呼、喝彩。

玩转篮球

★ 观赏性强

花式篮球的动作具有一定的观赏性，其动作幅度非常大，所包含的动作技术不受各种规则的限制。当看到球员们做出各种酷炫的动作时，你会觉得他们极度自由与开放。这些动作的节奏感很强，如果再配上一些辅助性工具（如跳板等），将会使其看起来更为时尚夸张。在观看花式篮球比赛时，你会发现一些与杂耍、街舞等类似的动作。此外，因为花式篮球会配上节奏感极强的音乐，所以球员们所呈现出的动作也极具动感。如此热闹的场面，怎能不吸引住你的眼球？

青少年学练篮球，将收获什么

● 篮下畅聊 ●

当看到驰骋在球场上的青少年哪怕累得大汗淋漓、不断遭遇挫折也始终没有放弃时，你会不会产生一个疑问："他们坚持的意义是什么？"

对于很多青少年来说，学练篮球技术并不是为了将其发展成自己的职业，而是为了更好地成长。青少年学练篮球技术究竟有什么意义？会有哪些收获？快来谈一谈你的想法吧。

🏀 塑造强健的体魄

强健的体魄是支撑青少年投入学习和享受生活的基础。没有好的身体作为保障，其他一切都只是空谈。

青少年阶段是一个人身体发育的黄金时期，所以应该加强身体锻炼。坚持学练篮球技术，就可以让青少年拥有健康的体魄。

喜爱篮球运动的青少年

★ 增高，促进骨骼生长发育

青少年的身高除了与遗传有关外，还会受到后天饮食生活习惯的影响，另外，是否积极参加体育锻炼也会影响到青少年的身高发育。打篮球就是一种利于长高的运动方式。

如果你正为身高发愁，不妨尝试着去多打篮球。因为在打篮球时，要想抓住控球的机会就必须来回地跑、跳，这就有效刺激了身体的肌肉和骨骼发育，从而促进骨骼生长。

★ 减脂，提高消化系统功能

随着人们生活水平的提升，营养过剩、缺乏锻炼等导致不少青少年都出现肥胖的问题，不利于青少年的身心健康发展，而经常打篮球就具有减肥的功效。青少年在打篮球时可以消耗体内的营养物质，进而大大提升身体的代谢功能。因此，经常打篮球可以减少体内多余的脂肪，令你远离体重烦恼。当然，除了减肥，打篮球还能促进肠胃蠕动与消化液的分泌，改善肝脏和胰腺的功能，从而提高整个消化系统的功能，这就为身体的健康提供了保障。

★ 改善视力

在课余时间，青少年应该放下手中的电子产品，走向室外，通过篮球运动来改善视力。

青少年在打篮球时，眼睛会随球的移动而不停转动，这就大大缓解了长时间低头看书、写字带来的视力疲劳。虽然眼睛在观看篮球移动时的运动幅度很小，但快速的扫视对于视觉神经的发展有很好的作用。

★ 增强心脏功能

经常打篮球能保证心脏的供血和其他机能正常。另外，经常打篮球还能有效降低血压，降低血清胆固醇的含量，从而保持身体的健康。

青少年在打篮球时，因为肌肉的紧张活动，心脏的工作量会急剧增加，心肌的供血和代谢能力也就随之增强，心肌纤维会变粗，心脏的体积会增大，心壁会增厚，外形变得十分圆满，搏动更加有力。这些都利于心血管疾病的预防。

★ 增加肺活量

经常打篮球，青少年的呼吸系统机能会得到明显改善，呼吸深度、胸和肺的弹性也得以增加，肺活量大大增强。

打造健康的心理

青少年心理健康问题长期以来都是社会各界关注的焦点。对于青少年而言，拥有健康的心理和塑造强健的体魄一样重要。青少年想要更好地学习、生活，在未来的人生旅途中绽放无限光彩，那就要让自己的内心强大起来。学练篮球就是一种有效打造青少年心理健康的方式。

一群在篮球运动中寻觅快乐的青少年

★ 什么样的心理才是健康的

当代青少年健康的心理应符合以下几个重要标准：

- 良好的意志品质，做事时有目的性和积极性。
- 健康的情绪，乐观向上。
- 和谐的人际关系。
- 诚信、友爱、互助。

★ 享受篮球，收获健康心理

在篮球运动中，青少年可以尽情地奔跑、跳跃、呐喊，当身体得到放松后，压力会有所缓解、焦虑也会慢慢减少。一场酣畅淋漓的篮球后，仿佛再坏的心情都会烟消云散。

在日常学习和生活中，青少年不可避免地会面对一些压力、遇到一些困惑，出现低落的情绪。当感到不快乐时，青少年可以邀请同伴去打一场篮球，让大脑得到放松，以缓解压力。

在生活上，青少年可能会为与朋友、父母产生矛盾而感到焦虑、抑郁。此时，不要将自己封闭起来，更不要采取极端的宣泄方式，尝试着去打打篮球，为自己注入新的活力，从而降低焦虑、改善心理状态。

此外，如果青少年能通过自己的努力在篮球运动中获得一些成绩，那么他们会变得更加自信。

培养团队精神

篮球运动，是团体球类运动，一个球队的团队精神是其打败对手的重要决定因素。

经常打篮球对于培养青少年的团队精神也有着很大帮助。在篮球运动中，青少年的团队精神体现在很多方面。

★ 表达与沟通能力

在篮球运动中，队友之间接触和交流的机会非常多。即使是在比赛前，队友或对手的阵容都可能发生变化。此时，为了顺利开展比赛，球员们就要与新来的队友或陌生的对手进行积极的沟通和协调。当互相有所了解后，大家的配合会更加默契，在比赛中也会更加自信。经过几轮的合作与对抗后，大家很可能成为朋友，彼此敞开心扉，愉快地享受比赛。

同样，身为球队中的一分子，你的最终目标一定是与大家团结起来击败对手，但要击败对手就必须与其他球员进行积极的交流与沟通。比如，在赛前，你需要与队友协商好战略；在赛中，你需要示意某位队友准备接球；在赛后，你需要与大家探讨本次比赛的得失。

★ 宽容的态度

在一个集体中，每个人都是独立的个体，所以常常会对一件事产生不同的见解。虽然在大多数情况下，青少年都应该坚持自己的立场，但这并不意味着对所有事情都固执己见。青少年要学会辩证地看待问题，懂得求同存异。在篮球运动中，队员们会感受到自己的价值最终是以集体的形式得以呈现的，所以要包容队友的不足，客观地看待问题，否则很难凝聚更大的合力。

沟通、理解、共赢

宽容、配合、享受

★ 全局意识

在一支篮球队伍中，所有球员会为了一个共同目标而努力。为了击败对方，同一队的球员之间会想尽办法拧成一股绳，互相帮助，彼此照顾，相互配合。因此，篮球运动对于培养青少年的全局意识有着重要意义。

不管是表达与沟通能力，还是宽容的态度，抑或是全局意识，均是团队精神的体现。可想而知，一个经常打篮球的青少年将会有多么强烈的团队精神。

🏀 培养随机应变能力

经常打篮球，青少年的随机应变能力也会得到提升。

再专业的球员都不能保证其在训练期间所练习过的所有动作都能原封不动地出现在赛场上。

因为篮筐是悬挂在空中的，所以从球员拿到球到抛出球的过程中可能会发生各种情况。篮球会经过很多位置，也会被球员们来回争夺，有时会落于地面，有时会盘旋在空中。要想稳稳地拿到球，球员就要时刻保持警惕，努力发挥自己的应变能力。当看到球时，球员要考虑获得球的办法，猜测对手下一步的行径，等待投篮的时机。

另外，当球员们在球场上的对抗过于激烈时，是很容易发生意外的，如皮外伤、骨折甚至昏厥等。当遇到这些情况时，不管是受伤球员还是其他球员都要做到随机应变。

需要特别提醒青少年的是，学练篮球技术的过程中如果有队员受伤，要引起重视，及时就医，其他队员要调整好心态，专注于接下来的比赛。当然，另一队的球员也不要因此轻敌，更不要小看对方替补球员的实力。

懂得坚持的意义

一个普通的球员可以经过长期的学习与训练掌握各种各样的篮球知识和技巧，从而在各方面都有很大突破，成为一个更加厉害的球员。这说明，不管做任何事情，只要坚持就一定会有所收获。

坚持学练定能有所收获

在篮球比赛中，一个曾经从未失败过的球队最终可能被一个始终战绩平平但懂得坚持的球队所击败。

篮球运动是一项考验球员意志力的运动。球员的意志力大多体现在其能否克服身体的疲惫，是否有坚持下去的信念和勇气等方面。

在打球赛时，球员们很容易因为体力不支或是连连失败而失去信心，进而选择中途放弃，最终失去展现自我和为团队夺分的机会。试想，如果球员能再坚持一下或是再给自己一次机会，那么很可能会获得另一种结果。即便最终没有获得胜利，也不会在将来因为此刻的放弃而感到后悔。

因此，对于青少年篮球运动而言，懂得坚持是非常重要的。长期参与篮球学练，能让青少年养成坚韧的品质，而这一优秀品质能帮助青少年在运动、学习等多个方面获得成就，促进青少年变得更加优秀。

温故知新

　　谁能想到，一个小小的灵感竟然创造了如此伟大的一项运动。篮球运动的诞生，让世界多了一项新的体育运动形式；篮球运动的不断发展，吸引了一代又一代的人参与其中，让一大批篮球明星和明星球队为世人知晓，让一些创新篮球运动如三人篮球、街头篮球得以衍生，也让新时代的青少年更加健康、向上、永不言败。

　　如果你对篮球运动感兴趣，不妨勇敢地参与到篮球运动中去，丰富多彩的篮球运动内容和形式一定会给你带来别样的运动体验，并让你收获良多。除了文中提到的诸多篮球运动的益处外，你认为自己还能从篮球运动中收获什么呢？

第二章

学练须知：篮球运动知识

如果你也喜欢篮球，也想有一天能以球员的身份站在宽敞的球场上，想借此机会体验在人群中自由穿梭的快感，感知灵活运球的激动心情，品味为团队赢得比赛胜利的自豪与荣耀，那么你就要为此做出一番努力。

在开始篮球运动之前，先别急着证明自己跑得有多快、跳得有多高。参与篮球运动前，你至少要清楚篮球场地的基本构造，熟知篮球运动的基本规则，知晓自己选的球衣和鞋子是否合适，明白运动之前还要热身的原因。

为了早日成为一名优秀球员，请先控制住你蓄势待发的双腿，放下你跃跃欲试的双手，将注意力转移到篮球运动的学练须知上吧！

认识篮球场地

● 篮下畅聊 ●

　　只要是晴天，午休铃声一响，就会有一大群热爱篮球运动的青少年飞奔到心爱的篮球场。对于你而言，篮球场地意味着什么？你觉得一个正规的篮球场是什么样的？你知道篮球场地中白色的线条和图形的名字及用途吗？

篮球场的特点

　　如果你想痛快地打一场篮球，首先必须有一个正规的篮球场地。一个标准的篮球场应具有以下条件：

　　其一，篮球场地（国际篮联的标准）是一个长 28 米、宽 15 米的无障碍物的长方形平地。

　　其二，篮球场的高度至少为 7 米，也就是 7 米以内不可有任何障碍物。室内的篮球场也要确保天花板的高度不低于 7 米。

其三，篮球场的光度必须有保障，照明要均匀。如果安装了灯光设施，也要确保其不会挡住球员的视线。

🏀 篮球场地的地面材质与球架

★ 地面材质

篮球场地主要有室内和室外两种。室外篮球场多使用水泥、塑胶等材料来铺设地面，室内篮球场多用木质地面。其实，篮球场地地面的材质会对球员在球场上的表现产生很大影响。水泥地面、塑胶地面、木质地面是目前最常见的三种篮球场地的地面类型，这三种材质的篮球场地有着各自的优缺点。

水泥篮球场地

水泥篮球场地的优缺点：

优点：经济实惠，耐用，便于保养和管理。

缺点：坚硬，弹性差，容易因为跌倒而受伤。

塑胶篮球场地的优缺点：

优点：施工简单，无污染，方便维修；弹性好，可以预防运动损伤；有一定的抗紫外线能力和耐老化力。

缺点：不可以穿高跟鞋、钉子鞋等进场活动，否则容易造成地面破损。

木质篮球场地的优缺点：

优点：易清洁；弹性好，球员不易损伤。

缺点：成本太高；保养复杂。

塑胶篮球场地

木质篮球场地

★ 篮球架

篮球架是篮球场地最基本的运动器材之一。一般将篮球架架设在篮球场两端的中央。通常，篮板的下沿距离地面 2.9 米，篮筐高度要比篮板稍微高一点，大约是 3.05 米。篮球架由篮板、篮筐、篮网、篮板支柱和篮球底座等构成。

常见的篮球架有液压式、移动式、固定式、吊式等类型。不论哪种篮球架都必须有足够的强度和刚度，否则很容易在球员或者篮球的碰撞下发生震动或变形，进而影响球员投篮得分。

篮球架

带你认识篮球场地中的线、圈、区域

在篮球场地边上，放眼望去，你就能看到许多清晰的白色的线和圈。再认真观察，你会发现，这些白色的线和圈并不是随意排列的，而是经过认真丈量后被小心翼翼画上去的。

俯视篮球场地，你可以清晰地看到它是一个对称图形。

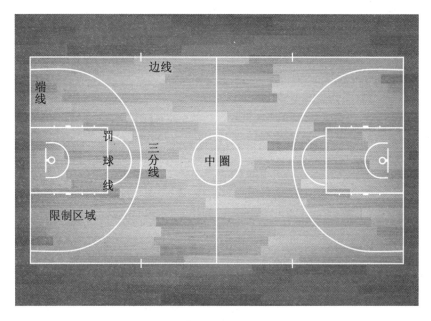

篮球场地上的线、圈、区域

指 | 点 | 迷 | 津

篮球场地相关名词解释

在开展训练之前，如果球员们连球场地面上画的各种线、圈、区域都不知道叫什么、有什么用，那么他们在训练中一定会表现得混乱不堪。篮球场地的相关名词及解释如下：

边线：最长的且互相平行的两条线，代表篮球场地的长。

端线：与边线相邻且互相平行的两条短线，代表篮球场地的宽。

中线：将整个球场一分为二的线，犹如一条中轴线。中线与端线平行。

中圈：位于篮球场地中央的圆圈（直径为 3.6 米）。

三分线：一条呈半圆形的弧线，篮球架的落脚点即其圆心位置。球员要想投进三分球，就要在三分线外且没出球场的位置进行投球。

罚球线：与端线平行，长 3.6 米，与较近的端线间距 5.8 米。

限制区域：限制区两端的直线，一条与端线相连，一条与罚球线的两端相连，共同构成了限制区。如果该球场涂有颜色，那么限制区域的颜色要与中圈区的颜色保持一致。

记录台：供记录员、助理记录员、计时员等开展比赛记录工作的场地。

球队席区域：必须安置 17 个席位，所有席位仅供教练、替补球员和随队人员使用，其他观众一律要与该席位保持至少 2 米的距离。

需要特别说明的是，球场上分布的所有线条的宽度均为 5 厘米。长线与端线外至少 2 米处不可以有任何障碍物，包括观众。

清楚了这些名词的含义后，球员就能对自己有明确的定位，从而更好地参与训练和比赛。

不得不了解的篮球运动规则

● **篮下畅聊** ●

虽然在篮球场上你可以尽情挥洒汗水，充分释放情绪，但这并不意味着你可以无视场上的规则。假如你即将以球员的身份出现在一场比赛中，你认为自己需要了解哪些篮球运动通则？为了避免遭到裁判员的点名甚至被罚，你要懂得约束自己在比赛过程中的行为。那么，你知道篮球运动中的违例和违规行为是如何判定的吗？

篮球比赛通则

★ 参赛人员及时间分配

一场正规的篮球比赛要有两个队，每队成员由首发球员和替补球员组成。上场的球员分别为大前锋、中锋、小前锋、得分后卫和控球后卫。同时，场上还要有裁判员、计时员和登记员。

根据国际篮联的规则，一场篮球比赛由 4 节组成，每节 10 分钟，共 40 分钟。（NBA 为每节 12 分钟，共 48 分钟。）但因为比赛过程中会出现各种状况，如犯规、受伤、暂停等，所以实际的比赛时长都会长于 40 分钟或 48 分钟。两支球队均有 5 次暂停的机会（前两节 2 次，后两节 3 次）。比赛中断时，控球队可以换人，但要做好登记。

★ 比赛得分

一支球队要想赢得比赛，得分很重要。

罚球得分，进一个球得 1 分。

两分区的中篮进球得 2 分。

在三分区投进球得 3 分。

需要注意的是，当比赛时间终了的信号发出，且球还在手中，随后投中的球不记得分。

🏀 不可不知的违例行为

违例即非直接针对对方球员而做出的违反篮球运动条例规则的事情。在篮球比赛中，球员稍微不注意就容易违例。通常，篮球比赛中的违例有以下几种情况：

★ 超时违例

在篮球比赛中，球员的行为会受到时间的约束，一旦没在规定时间内完成或行为超时，就会被认为是超时违例。

通常，篮球比赛容易出现以下四种超时违例情况：

3秒违例	5秒违例	8秒违例	24秒违例
进攻方的球员不可以在对方的限制区内停留持续超过3秒。	在掷界外球时，球员没有在5秒内将球掷出；持球队员在5秒钟之内没有将球传、运或投出去；罚球时，裁判员将球交给球员，但球员在5秒内没有将球掷出。	进攻队从在后场控球开始，在8秒内都没有进入前场。	进攻球员没有在24秒之内试着投篮且球没有碰到篮圈。

超时违例的情况

发生超时违例时，裁判员会立即鸣哨，判罚违例，然后由对方掷界外球。

惩罚办法：将球判给对方球员，在违例地点最近的边、端线处掷界外球。

★ 带球走违例

带球走，即当球员持着一个活球，其一脚或双脚超出本规则所述的限制向其他方向非法移动。

要判断球场上某位球员是否出现带球走的情况，首先要判断出这位球员的中枢脚。

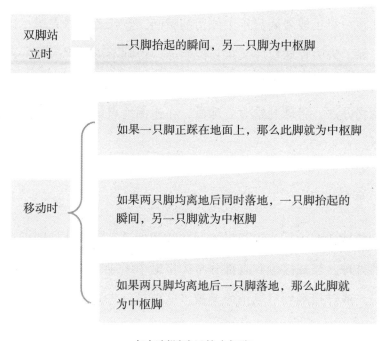

双脚站立时 —— 一只脚抬起的瞬间，另一只脚为中枢脚

移动时：

如果一只脚正踩在地面上，那么此脚就为中枢脚

如果两只脚均离地后同时落地，一只脚抬起的瞬间，另一只脚就为中枢脚

如果两只脚均离地后一只脚落地，那么此脚就为中枢脚

如何判断球员的中枢脚

中枢脚确定以后，如果球员出现以下情况，那么就可以宣判其为带球走违例：其一，在传球或投篮时，中枢脚能抬起，但在球离开手以前不能落地；运球开始时，在球离开手之前，中枢脚不能抬起。其二，停步后，并且确定了哪只脚都不是中枢脚时，其要想传球或投篮，一只脚或者两只脚都能抬起，但球离开手之前都不能落地。如果球员

运球，那么在球离开手之前两只脚都不可以抬起。

惩罚办法：将球判给对方球员，在违例地点最近的边、端线处掷界外球。

★ 非法运球违例

非法运球也叫"二次运球"。球员在运球后，两只手同时接触球或使球在一只手或者两只手中停留的瞬间，意味着运球完毕。运球完成后，除了失去控球权后又重新控制球，否则不可再次运球，再次运球就被视为非法运球违例。

惩罚办法：将球判给对方球员，在违例地点最近的边、端线处掷界外球。

★ 回场违例

在篮球比赛中，位于前场控制球队的球员不可以使球回后场，包括掷界外球。当球接触到有部分身体接触中线或者位于中线后的该队的球员，或球接触到后场地面又被该队球员首先触及，即属于球进入后场。

惩罚办法：将球判给对方球员，在边线终点处掷界外球。

★ 干扰球违例

球员们必须清楚以下规则，否则很容易发生干扰违例：当投篮或罚球的球碰到篮圈时，双方球员不得触及球篮或篮板；当投篮或罚球的球碰到了篮圈后弹起或在篮圈上时，双方球员都可以碰球，但不能碰球篮与篮板。

惩罚办法：当裁判员宣判违例时，球就成了死球。假如进攻球员因为违例没能得分，将给对方球员1次罚球机会；假如防守球员违例，那么就判进攻球员得2分，如果是在三分投篮区则判3分。

★ 脚球违例

在打篮球的过程中，球员用脚踢球或有意用腿阻挡球就属于脚球违例。球偶然接触到对方球员的脚或腿则不属于违例。

惩罚办法：将球判给对方球员，在违例地点最近的边、端线处掷界外球。

因为违例行为通常是在无意中发生的，所以不存在侵犯对方球员身体的情况，进而不会计算次数，更不会被判离场。

常见犯规情况

犯规，即违反各种规则的行为。在篮球比赛中，常见的犯规情况有以下几种：

★ 侵人犯规

侵人犯规，即球员与对方球员的接触犯规。球员不可以用身体故意去拉、阻挡、推、撞、绊对方球员；不可将对方球员的身体弯曲成超出圆柱体的姿势；更不要对对方球员做出粗野或猛烈的动作。

惩罚办法：一旦出现以上任何一种情况，犯规球员就会被登记为1次侵人犯规。假如球员对对方没做投篮动作的球员有侵人犯规的行为，那么就可以允许对方球员在犯规地点附近掷球入界，重新开始比赛。假如球员对对方正在做投篮动作的球员有侵人犯规行为，并且对方球员投球中篮，那么对方不但可以得1分还获得一次追加罚球机会；如果在此过程中对方球员没能中篮，那也可以在投篮区域获得2次或3次罚球机会。

★ 双方犯规

双方犯规，即双方球员几乎同时产生侵人犯规的行为。

惩罚办法：双方分别登记1次犯规。中篮或最后一次或仅有一次的罚球得分，应将球判给没有得分的球队，允许其从端线的任意位置掷球入界。如果其中一队已经控制了篮球或者有了球权，应该将篮球判给此队在违规地点附近掷球入界。

★ 违反体育道德的犯规

根据裁判员的判断，一名队员不是在规则的精神和意图的范围内合法地试图去直接抢球，发生的侵人犯规是违反体育道德的犯规。

惩罚办法：登记犯规队员1次违反体育道德的犯规，判给对方队罚球，以及随后在中场的球权。如被犯规的队员未做投篮动作，则判给2次罚球。如正在做投篮动作，投中要判得分并再判给1次罚球；如投篮未得分，则根据投篮的地点判给2次或3次罚球。

★ 技术犯规

技术犯规就是包含但不限于行为性质的球员的非接触犯规。比较典型的技术犯规包括：无视裁判员的警告；没礼貌地接触裁判员、登记员、队席人员以及随从的其他人员；戏弄对方球员或用手挡住对方球员的视线；当篮球穿过球篮后，故意用身体碰球以延误比赛等。

惩罚办法：登记为 1 次全队员的犯规，且作为全队犯规次数；要给对方球员两次罚球机会以及随后中场的球权。假如是除球员之外的人员（如教练员、替补球员等）的技术犯规，那就要登记为 1 次教练员的犯规。如果是在比赛之前或休息时间发生的技术犯规，那么就要登记 1 次全队犯规，并判对方 2 次罚球机会；如果是除球员之外的人员的技术犯规，那么就不用记为全队的犯规。

总之，每次犯规都会被登记。当球员的犯规次数累积一定数量后将会被判离场。

可见，一场正式的篮球比赛都是有着固定的人员安排、科学的时间分配、统一的权利划分、明确的得分标准以及严格的违例、犯规评定等的。为了能顺利地参与一场篮球比赛，球员有必要认真了解每一项规则。

指 | 点 | 迷 | 津

活球与死球

如果不熟悉篮球运动规则，那么你也很难理解什么是活球、什么是死球。其实，活球和死球是篮球比赛中对球的状态的描述。

在投篮过程中，球一定会在空中或移动或旋转，当24秒的信号、比赛计时器或裁判员的口哨一响，球不会成死球，而是成活球，直到球中篮、没有中篮的可能性、被球员在空中合法或非法地接触就成了死球。

球在以下情况中都属于活球：球被裁判员向上抛起，球脱离手的时候；罚球球员处理球的时候。

在比赛中，死球一般出现在以下情况中：争球；球停留在球篮上或卡在篮圈与篮板之间；任一节时间终了；技术犯规的罚球；侵人罚球；多次罚球中的第一次罚球；场上违例（如带球走、3秒、24秒等）；打架犯规；错误的鸣哨；投篮或罚球成功后；等等。

挑选球衣与球鞋

　　一片移动着的亮丽色彩吸引了一大群被好奇心驱使着的青少年前来探索。走近一看，原来这里正在举行一场热闹非凡的篮球比赛。上下打探一番，球员们身着鲜艳球衣显得更加活力满满。如果要参加一场篮球比赛，你会如何为自己挑选合适的球衣呢？球鞋选得好不好对于篮球球员在比赛中的表现也非常重要。那么，你会挑选什么样的球鞋呢？

如何挑选球衣

　　篮球球衣通常包括上身的背心和下身的短裤。要想买到既好看又舒服的球衣，需要考虑两个问题：一是颜色搭配，二是面料。

★ 球衣的颜色搭配

市面上的球衣颜色非常多，所以对于有选择困难的青少年来说，要选择一套好看的球衣确实有些难度。其实，要想在有限的时间内选出好看又适合自己的球衣，不妨参照以下搭配意见：

蓝黄搭配：建议选蓝色少一些、黄色多一些的款色。这种款色的球衣也很百搭，更适合肤色偏暗的球员。黄色具有极强的视觉冲击力，更能吸引别人的目光。最重要的是，奔跑在篮球场上，身着黄色球衣的球员会给人留下朝气蓬勃的印象。

红白搭配：建议选红色少一些、白色多一些的款色。这种款色的球衣更适合皮肤偏白的球员，更能显示出球员的气质，使其看起来青春洋溢，豪爽大气。

红黑搭配：建议选红色少一些、黑色多一些的款色。这是一种特别百搭的款色，任何肤色的球员都可以穿。最重要的是，穿上这种球衣会让球员看起来活力十足。

当然，除了可以选择以上这些比较经典的颜色外，你还可以选择自己喜爱的颜色，如全黑、全蓝等。

需要指出的是，因为球衣包括上身的背心和下身的短裤，所以要尽量让背心与短裤的颜色是一致的，否则身上的颜色太多会显得很奇怪。

★ 球衣的面料

球衣的舒适度主要取决于面料，所以选对面料非常重要。

选择球衣时，首先应该考虑两个问题。

弹性好、抗撕扯：弹性好的球衣穿起来才不会有紧绷感，方便球员活动身体；抗撕扯的球衣更耐穿，不会因为球员之间的撕扯而破损，避免发生一些令球员尴尬的事情。

速干：因为球员在打篮球的过程中很容易出汗，所以如果汗水浸透球衣，使球衣紧贴在身上，甚至顺着身体流下，会让自己或他人感到很不适。因此，球衣要选择有速干功能的。

市面上的篮球服通常会采用棉质面料或轻薄透气的纱网面料。

你值得拥有一双好球鞋

篮球是一项对抗性极强的运动，而选择一双质量更好、更合适的篮球鞋将会给球员在比赛中的表现带来很大帮助。要选择一双好的篮球鞋首先应该关注其特性，其次是颜色。

★ 关注特性

因为球员在篮球比赛中需要不断地跳起、移动、起动、急停等，所以要选耐穿、稳定性强、舒适的球鞋。

市面上的篮球鞋大致可分为以下三种，每种鞋有着不同的特性：

其一，高帮鞋。大多数球员都会选择高帮运动鞋，这是因为其有很好的保护脚踝的功能，特别适合进攻型球员和需要在全场跑动的球员。高帮鞋的稳定性很好。

高帮篮球鞋

其二，中帮鞋。在赛场上，对速度有很大需求的球员很适合穿中帮鞋。这种鞋的帮正好在脚踝处，所以便于球员脚踝的活动。

中帮篮球鞋

其三，低帮鞋。如果球员在球队中承担的职责是快速跑动，那么应该首选低帮鞋。低帮鞋可以减震，有很好的曲挠性，还特别轻便。因此，球员穿上这种鞋可以跑得更快、更轻松。

低帮篮球鞋

★ 选择颜色

根据自己的需求确定了选哪种鞋之后，还可以根据自己的喜好选择颜色。比如，可以选经典的黑白红或亮眼的荧光绿等。不管什么颜色，只要能满足自己在篮球场上的需求并是自己喜爱的即可。

运动前需热身

●━━ **篮下畅聊** ━━●

　　当你穿上了自己精心挑选的球衣、球鞋后，接下来要做的是什么呢？直接入场训练或比赛？只是简单地活动一下身体？如果是这样，说明你并不懂篮球运动。其实，正确的做法是要在运动前做一下热身。那么，你知道篮球运动前的热身对于球员而言有多重要吗？热身运动要如何开展呢？

不可忽视篮球运动前的热身

　　热身运动也叫"准备活动"，即在正式进入篮球训练或比赛之前的身体练习。在篮球运动之前必须完成合理且充分的热身运动。

　　篮球是一项包含运球、突破、传球、上篮、投篮等一系列动作的运动，也是一项对抗性很强、运动量很大的运动，所以在运动之前进行热身是非常必要的。

合理且高效的热身运动不仅可以告诉身体："该起来工作了！"还能有效地降低损伤发生的概率。

篮球运动前的热身

运动前的热身主要是为了让球员的身体"热"起来，提升神经传导的速度，加速血液循环，降低肌肉的黏滞性，增强肌肉的弹性以及伸展性。具体而言，球员在运动前做热身有以下几个意义：

★ 让神经中枢活跃起来

球员在运动之前，身体的神经中枢是比较平静的。为了让身体尽快进入篮球训练或比赛的状态，大脑必须兴奋起来，以增加相关内分泌活动，为篮球运动做好充分的精神与心理准备。经过一系列的热身运动，球员的大脑会留下兴奋的痕迹，将会利于其更好地适应接下来篮球运动带来的兴奋，使机体功能得到很好的发挥。假如在篮球运动前，球员的神经中枢还没活跃起来，那么他们很容易因为精神紧张、情绪慌乱、动作不协调等而影响水平的发挥。

★ 唤醒"熟睡"着的内脏器官

人的身体长时间得不到活动就容易沉浸在舒适的状态中，如同"熟睡"着的婴儿。同样，人体的器官也是需要在篮球运动前变得足够"精神"，否则很难进入备战状态，也难以拥有好的表现。

简单的热身活动可以将氧气更好地供应给身体的血管、肌肉，进而让身体各个器官快速适应不同的环境。比如，冬季天气寒冷，如果在身体各器官还没有被唤醒的时候就开启较为剧烈的篮球运动，将很容易生病或受伤。

★ 增强肌肉和心血管的功能

热身可以让球员的肌肉和心血管功能得到增强，帮助其在篮球运动中更好地伸展身体。热身运动还能帮助球员提高速度和柔韧性，避免和减少因为对抗和高速度带来的损伤，使其更好地发挥篮球技术。

🏀 科学热身，畅快运动

★ 慢跑

在热身环节中，首先可以慢跑几分钟，预热一下身体，以便适应后面强度稍大的热身运动。球员可以绕着篮球场慢跑 3 分钟，让身体微微出汗。

慢跑

★ 颈部拉伸

身体站直，两脚开立，与肩同宽，两手自然下垂，将颈部充分地向前、后、左、右弯曲，以使颈部肌肉得到充分伸展。切记不要图快，也不要太用力，否则容易受伤。

★ 肩部拉伸

身体站直，两脚开立，与肩同宽，一只手绕过胸前向身体另一侧伸展，另一只手抓住被拉伸手的肘部用力使其靠近身体；坚持一会儿，换另一只手做相同的动作。

肩部拉伸

★ 扩胸运动

身体站直，两脚开立，与肩同宽，屈两臂；两臂从胸前用力向身体后方用力震动两次；将两臂展开继续向身体后方震动。重复此动作数次。

★ 腰部环绕

左脚向左一步（稍宽于肩），同时两臂侧举（掌心向下）。上体左转90°，同时左臂于体后屈肘，手背贴腰，右臂胸前平屈，手指触左肩

（掌心向下）。两臂伸直，经前成左臂胸前平屈，右臂侧举（掌心向下），同时上体右转 180°，眼看右手。还原成直立。

★ 活动关节

活动手腕和脚踝：身体站直，两脚开立，与肩同宽；两手交叉放在胸前，一只脚的脚尖在身体侧方点地；一边活动手腕，一边活动脚踝；多做几次，换另一侧脚尖点地，继续活动手腕和脚踝。

手指腕拨球：身体站直，两脚开立，与肩同宽，两手持球放在身体前方；用手的指腕力量将球从一只手拨到另一只手，然后再拨回来。待动作熟练后，还可以尝试在身体其他部位练习指腕拨球，并且可以加快速度。

★ 活动跟腱

身体站直，两脚前后开立，间隔大约一只脚的距离；屈右膝，左腿伸直且脚跟不离地；身体重心落在右脚掌上，用力拉伸左侧小腿及跟腱，坚持 10 秒，换另一侧腿继续做拉伸动作。

温故知新

要开展较为正规的篮球训练或打一场篮球比赛不是只有人数够、场地面积够就可以的，这其中有太多的学问。

篮球场地的面积要符合标准，可铺设水泥、塑胶或木地板；地面上要有清晰的、不同用途的画线和图形等。

学练篮球，怎能不熟知篮球运动规则呢？篮球运动中有许多规则，包括比赛的要素、得分、违例、违规等，所以在接受训练或进行比赛前一定要有所了解，否则很容易因为不当的行为而引起不好的后果。

参与篮球运动，运动装备必不可少。篮球运动需要球员穿上更加专业的球衣、球鞋，以便更好地融入训练或比赛中。

在篮球训练或比赛之前，千万别忘了热身，如身体各个部位关节与肌肉的活动与拉伸等，以免引发疾病或损伤。根据你的运动经验，说一说你知道的热身知识和方法。

第三章

有备而战：运动素质训练

对于青少年而言，要想参与到篮球运动中，仅凭一时的热情是不够的。因为篮球是一项对运动素质要求极高的运动。在篮球运动中，青少年很容易因为力量小、速度慢、耐力不足、灵敏性较差、柔韧性不行、弹跳力不足、心理素质不好等一系列的问题而影响自己的表现甚至无法继续运动。因此，在正式开启篮球运动之前，青少年必须加强训练，努力提升运动素质。

待运动素质得到提升后，青少年就能自信满满地走向篮球场，与对手进行酣畅淋漓的较量。

还等什么？赶快投入你的训练中吧！

力量素质训练

一场正规的篮球赛至少要进行40分钟，在这40多分钟里球员需要频繁地奔跑、跳跃，并展现一系列的技术动作。可以说，篮球运动对于青少年的力量素质是一种巨大的考验。但从另一个层面说，在篮球比赛中，谁的力量更大，谁就多了一些胜利的可能性。因此，青少年要积极参与力量训练，使自己拥有过硬的身体素质去应对篮球运动和比赛。那么，青少年可以采取哪些方法来训练力量素质呢？

🏀 有力量，更有实力

力量素质，即人体肌肉工作时克服阻力的能力。青少年的所有运动素质都是建立在力量素质之上的，没有力量，也就没有其他素质。在篮球运动中，青少年需要频繁地投、跳，所以必须有强大的力量来支撑。假如青少年的肌肉毫无力量，那么不但无法有效地完成各种动作，还可能会造成身体损伤。因此，力量素质成了篮球运动的基本素质和评价身体训练水平的重要指标。

极具力量的青少年

🏀 力量素质的训练方法

青少年力量的训练可以从以下几个方面入手：

★ 躯干训练

躯干训练有利于增强躯干的力量，具体可以尝试以下几种训练方法：

躯干伸展训练：

俯卧背起：俯卧，两腿伸直；两臂用力向前、上伸直，直到两肩抬离地面15厘米，保持10秒；两臂缓慢下落，反复练习多次。

俯卧瑞士球后背伸：俯卧于瑞士球上方，两脚固定；躯干抬高，身体挺直，充分伸展；保持身体平稳，上半身缓慢下落，反复练习多次。

躯干弯曲训练：

身体收缩：平躺，屈膝，两臂交叉置于胸前；腰腹用力，使两肩及上后背抬起，与地面成45°角；保持身体平稳，上半身缓慢下落，反复练习多次。

快速触脚：平躺，两腿和两臂伸直；腰腹用力，臀部贴地，两腿抬起，两手用力伸向两脚，快速用两手触摸两脚尖；保持身体稳定，使上半身和双腿缓慢下落，反复练习多次。

仰卧起坐：平躺，两手置于头后方，两腿微屈，两脚掌着地；腰腹用力，带动背部、颈部及头部顺势抬起，直到完全坐起；保持身体稳定，使上半身缓慢下落，反复练习多次。

躯干旋转训练：

　　扭转仰卧起坐：平躺，两手置于头后方，两腿微屈，两脚掌着地；腰腹部用力将躯干抬起且做向左侧扭转的动作，使右肘接触到左膝；保持身体稳定，缓慢下落，换另一侧做相同动作。

　　单侧骑车：平躺，膝盖弯曲成90°角且向上抬起，两手置于头后方；腰腹部用力，两腿做蹬自行车的动作，同时使右肘快速触碰到左膝；换另一侧做相同动作。

　　★ 髋关节训练

　　髋关节训练有利于增强人体髋关节的力量，具体可以尝试以下几种训练方法：

髋关节弯曲训练：

举腿：平躺，两手置于髋骨下方，且用两手与两臂构成一个固定架，使后背拱起；头部与肩部微微抬起，两腿先抬高至离地面30厘米的位置，再抬高至45厘米的位置，保持身体稳定，下落。

举腿绕圈：平躺，两手置于髋骨下方；且用两手与两臂构成一个固定架，使后背拱起；头部与肩部微微抬起，两腿先抬高至地面15厘米的位置，分别做相同数量的绕圈运动。

髋关节伸展训练：

俯卧瑞士球伸展：俯卧于瑞士球上方，两腿伸直，脚尖点地；两手触地以支撑身体；两腿上抬，直到身体在瑞士球及两手的支撑下在空中成一条直线；保持身体稳定，下落到脚尖点地。

俯卧两头起：俯卧，两臂、两腿伸直；将两肩、两脚抬高到离地面15厘米的位置，保持10秒；保持身体稳定，使两臂、两腿缓慢下落，反复练习多次。

★ 整体稳定性训练

整体稳定性的训练有利于增强人体全身关节的力量，具体可以尝试以下几种训练方法：

　　仰卧位：仰卧，躯干伸直，两手臂放在身体两侧；两肘弯曲，前臂紧贴地面，用力将上半身撑起，保持10秒；保持身体稳定，使两手自然落下，反复练习多次。

　　俯卧位：俯卧，躯干伸直，两臂弯曲且夹紧身体，两手自然落于地面；两臂用力将上半身抬起，使臂、手、脚尖触及地面；右腿抬起，保持10秒，下落；换左腿，重复以上动作。

　　侧卧位：右侧卧，躯干伸直，右臂伸直且置于身体前方，左手置于身体左侧；屈右肘且将上半身撑起，右前臂放在身体前方并触及地面；左腿抬高，保持10秒，下落；换左侧卧，做相同动作。

速度素质训练

● 篮下畅聊 ●

在篮球比赛中，为了得到一个控球机会，球员一定会全力奔跑，并紧盯篮球，找准时机，快速拿下。在如此紧迫的状况下，稍不留神就会错失良机。假如给你一个参加篮球比赛的机会，你认为自己是否有必要提升速度素质？请阐述你的理由。培养速度素质是需要开展一系列有针对性的训练的。那么，速度素质训练的方式有哪些？

🏀 提高速度，更快控球

速度素质，即机体快速运动的能力，其具体涉及移动的速度、动作的速度、反应的速度。

反应快、移动快、动作快，能让你在篮球场上如鱼得水，比其他同伴或对手更快地抢到球、更灵活地打断或躲避对方的进攻或防守。进一步说，你的速度越快，你就能更快控球，也就有更多的机会为本队夺分。

快速奔跑的青少年

🏀 速度素质的训练方法

在篮球比赛中，速度素质主要包括三个方面：反应速度、动作速度和移动速度。在篮球运动中，反应速度指的是对外界刺激做出反应的快慢；动作速度指的是完成某一动作的速率；移动速度是指在单位时间内移动的距离。下面就从这三个方面说一说青少年速度素质的训练方法。

★ 反应速度训练

要想提高反应速度，可以尝试以下几种方法：

反应起跳：先围成一个大圆圈，一名青少年站在圈内并用树枝从站圈青少年的脚下扫过；树枝经过谁脚下谁就立即跳起，避免树枝碰到自己的脚；被碰到脚的青少年被淘汰出局。

抢球：用一些实心球围成一个圆圈（球的数量比参与训练的青少年少一个）；所有青少年在圆圈外侧慢跑，当听到"抢"的指令后，迅速抢球，没抢到球的青少年被淘汰出局并去掉一个球，继续训练。

听指令起跑：青少年们站在起跑线上；听到"开始"指令后，迅速向前跑20米；连续跑8～10组。

扶杆接力跑：一名青少年站在起跑线上，另一名青少年手扶横杆站在离起跑线6米的地方；听到"开始"指令后，起跑线上的青少年快跑至横杆处并接过横杆，而扶杆青少年则跑至起跑线并与下一名起跑青少年击掌。

★ **动作速度训练**

要想提高动作速度，可以尝试以下几个方法：

原地快速高抬腿：原地站好，听到"开始"指令后，立即做高抬腿动作（身体不前倾也不后仰，将大腿抬至与上半身成90°角），保持30秒。反复练习6次。

快速小步跑：站在起跑线上；听到"开始"指令后，立即向前小步跑30米，尽可能加快两腿交替的频率。反复练习6次。

跨步跳接跑台阶：先进行跨步跳台阶；听到"开始"指令后，以最快的速度逐个跑台阶。每组跑7次，跑3组。

跳起屈体：站直，两腿伸直且微微打开；分腿上跳且将身体前屈，用手触碰脚尖。连续做10次，反复练习3组。

脚传沙袋：两名青少年相对站立，其中一人用两脚夹住沙袋；夹有沙袋的青少年快速、用力地在原地跳起并将沙袋传给另一名青少年；这一名青少年继续原地跳起将沙袋传给对面的青少年。

快速挥臂：将沙袋悬挂在架子上；站在沙袋下方，做原地的扣排球动作，快速挥臂拍击沙袋20次，共做3组。

★ 移位速度训练

要想提高移动速度，可以尝试以下几个方法：

快速后蹬跑：先慢跑7步，然后做行进间快速后蹬腿跑，大约跑30米。需要注意的是，摆动腿积极下压，前脚掌着地，动作要协调、有弹性。每组做4次，反复练习3组。

单脚跳变加速跑：先单脚跳15米；听到"开始"指令后，迅速做加速跑，跑大约30米。需要注意的是，左右脚要分别做单脚跳，再接加速跑。每组4次，反复练习3组。

变速跑：先快速跑30米，然后放松慢跑30米。或者先在直道上快跑，然后在弯道上慢跑；或者先在弯道上快跑，然后在直道上慢跑。每组6个变速段，反复练习5组。

牵引跑：将绳子一端栓在牵引器上，另一端拴在青少年的腰上；听到"开始"指令后，立即做60米跑的训练。每组3次，反复练习5组。

全速跑楼梯：听到"开始"指令后，立即以最快的速度跑向4楼；到达4楼后，接续以最快的速度跑至1楼。全程不可以扶扶手。每组往返3次，反复练习3组。

原地摆臂：两脚前后开立，根据教练的击掌声有节奏地做前后摆臂动作，保持20秒。要求摆臂的节奏要快、动作要有力。

耐力素质训练

在篮球场上，经常会有青少年因为耐力不够而不得不放弃到手的得分机会，即便有时能勉强支撑着打完一场比赛，却也没能为自己的球队贡献出一点力量。耐力素质是青少年参与篮球运动的必备素质之一。但耐力素质的培养绝对不是一天两天的事情，其需要通过长期有效的训练来实现。那么，青少年可以借助哪些方法来提升耐力素质呢？

增强耐力，把握投篮时机

耐力素质指高强度、长时间从事专项活动的能力。这里的强度即运动的速度。篮球运动是一项强度大、持续时间长，且又需要青少年跑得快、跑得远的运动。

在篮球运动中，超强的耐力可以让你持续不断地奔跑，让你灵活、快速地躲避对手的争夺，让你抓住机会，果断投篮。

良好的耐力意味着你有着更强的抗疲劳能力。在紧张激烈的赛场上，你若能比别人多坚持一秒，就很有可能抓住了投篮的时机去得分。

保持耐力，才有取胜的机会

耐力素质的训练方法

青少年的耐力素质训练可以采用三种方法：持续负荷训练、间歇负荷训练和循环训练。

★ 持续负荷训练

持续负荷训练是一种强度适中的训练方式，其能帮助青少年适应篮球运动中长时间匀速或变速的奔跑，也能让青少年有更多的精力专注于进攻、防守或投篮。

匀速持续跑：持续用均匀的速度跑1小时以上，使心率控制在约150次/分钟。匀速持续跑利于培养青少年的耐力，从而使其更好地改进篮球技战术。

变速跑：跑步的速度要经常发生变化，即在一段距离内时快时慢地跑。因为变速跑的负荷强度与篮球场上奔跑的速度较为相似，所以能提高青少年在赛场上的适应能力。

★ 间歇负荷训练

在训练耐力素质时，也可以采用间歇负荷训练。间歇负荷训练可以让你提前适应篮球运动中的激烈对抗和频繁的位置变换。这样，你就不至于在球场上表现得非常慌乱和耐力不够。具体可以采取以下方式来进行间歇负荷训练：

半场连续"一打一"攻守转换对抗训练：进5～10球为一组。具体要根据青少年的机能水平确定训练的组数。

折回跑：利用篮球场地上的端线、罚球线、中线进行连续的折回跑。青少年在训练时的心率应达到170次/分以上，大约持续40秒。

★ 循环训练

无氧代谢是循环训练的基础。循环训练可以让你紧跟对手的节奏，他快你也能快，他慢你也能慢，甚至反守为攻，获得主动权，做到积极进攻，平稳控球，精准投篮。循环训练可以以下两种方式展开：

全速跑：可以进行200米或400米的全速跑。全速跑时心率应达到170次/分钟，间歇几分钟，使心率控制在大约100次/分钟，反复练习多次。

自抛自接球投篮：要完成两次自抛自接球投篮，一组需要往返四次。青少年要通过一组训练使心率控制在大约100次/分钟后，再开始进行下一组训练。

灵敏素质训练

● 篮下畅聊 ●

篮球是一项对灵敏度要求很高的运动。具体而言，在篮球运动中，青少年需要在时空急剧变化的情况下准确地判断动作、敏捷地做出反应、进行自我调整，并且可以迅速改变身体或身体某部位方向。

灵敏素质也是进行篮球运动的必备素质之一。那么，要想培养青少年的灵敏素质，可以采用哪些方法？

🏀 训练灵敏度，玩转篮球

篮球运动中的灵敏素质，即青少年在各种突发情况下快速、协调、敏捷、准确地完成动作的能力。

良好的灵敏素质能让你眼疾手快，当对手还没有跑到球附近时，你就已经将球控制在手中；当对手试图夺球时，你总能轻松让其扑空，并且将球传给远处的队友。灵敏素质可以让你的身体像大脑一样灵活，想到即做到，灵活玩转篮球。

篮球运动考验青少年的反应速度

灵敏素质的训练方法

★ 图形跑、跳训练

青少年可以通过图形跑、跳来训练灵敏素质。

蛇形跑：先用9个标识物摆成一个交错的路线；然后在第一个标识物附近站好，同时面向第二个标识物；待听到"开始"指令后，青少年快速且有节奏地跑过每一个标识物的外侧，直到冲向终点。

　　跳六边形：用彩色胶带粘出一个六边形（每条边长60厘米）；在六边形的正中间面向第一条边站好；跳过第一条边，回到中间；继续跳过第二条边，回到中间；以此类推，直到跳完第六条边。

★ 利用跳绳的训练

　　通过跳绳来训练青少年的灵敏素质也是一种有效且容易开展的方法。

　　跳波浪绳：先由两名青少年摇绳，其他青少年准备跳绳；将绳子抖动成波浪形，跳绳的青少年逐个敏捷地从绳上跳过，碰到绳即被淘汰。一轮过后，替换摇绳的青少年，继续下一轮跳绳。

　　跳粗绳：一名青少年手握一根粗绳站在圆圈正中央，其他青少年围圈站好；圆圈内的青少年用力将粗绳扫过站圈青少年的脚下，站圈青少年见到绳子立即跳起，碰到绳子即被淘汰。

★ 以游戏的方式训练

通过游戏训练灵敏素质也是一种不错的办法。

互相拍肩：两名青少年相对站立，间隔1米左右；两人要想办法用手拍到对方的肩膀，但也要防止对方拍到自己肩膀。先被拍到肩膀的人即被淘汰。

"老鹰捉小鸡"：一名青少年扮演"老鹰"，另一名青少年扮演"鸡妈妈"，其他青少年扮演"小鸡"；听到"开始"指令后，"老鹰"去捉"小鸡"，"鸡妈妈"保护小鸡，"小鸡"快速奔跑、躲闪。

★ 弹力带侧滑步

弹力带侧滑步也是提升青少年灵敏素质可以采用的方法。

弹力带侧滑步：将弹力带一端固定好，另一端侧身拢在腰间；屈膝，两脚间距略比肩宽，两臂呈防守姿势；右脚蹬地，推动身体向左移动，左脚跨步；重复多次，换另一侧做相同动作。

柔韧素质训练

● 篮下畅聊 ●

　　在投篮时，青少年常常会为了躲闪包围上来的对手而急速转身、弯腰、摇晃、跳动等。在这一过程中，青少年的身体柔韧素质就发挥着非常重要的作用。此外，青少年时期是发展柔韧性的关键时期，更要重视柔韧素质的训练，你知道要如何进行柔韧性训练吗?

提升柔韧度，提高投球命中率

　　篮球运动中的柔韧素质，即篮球运动中各个关节的活动幅度以及肌肉、肌腱、韧带等软组织的伸展能力。

　　柔韧度提高了，你就能在篮球运动中轻松跳起、跨越、扭转、抛球，提高你投球的命中率；另外，因为骨骼、韧带、肌肉、皮肤的弹性非常好，所以即便在打篮球的过程中发生跌倒、撞击、摩擦等，你的身体也不容易受到损伤。

柔韧性好，才能在篮球运动中展示速度与力量

对于青少年来说，柔韧性好意味着其篮球技术就会比较好。比如，要想投篮，你就要能扛得住对手的一哄而上，能通过扭转身体方向、举高或下蹲等动作让球顺利进入篮筐。灵活的扭转来自腰部良好的柔韧性，轻松的举高来自手臂及肩部的柔韧性，稳定的下蹲源于腿部的柔韧性。

总之，身体柔韧度越好，你就越能为本队争得荣誉。

🏀 柔韧素质的训练方法

青少年的柔韧素质可以通过伸展活动来提升，具体可以采取静态伸展、动态伸展以及被动伸展等方法。

★ 静态伸展

静态伸展对提升青少年的柔韧素质非常有效，具体可以尝试以下方法：

两臂伸展：站直，两脚开立，与肩同宽；两手手指交叉相握，手心朝外；两手臂依次向上、向下、向前充分伸展，并且两手用力做压指、压腕的动作。各个方向保持15秒，反复练习多次。

直体前侧屈：站直，两脚开立，屈膝，两脚指向45°方向；腰部朝右腿方向前屈，胸部尽可能向右侧膝盖处下压，背部平直；用力伸展右腿肌肉，保持15秒；反复练习多次，换左侧做直体前屈。

侧压腿：屈左膝，下蹲，右腿向右伸直，脚跟着地，脚趾向上；背部平直，右手伸直且撑地，左肘自然搭在左腿上；右腿肌肉绷紧，用力下压。保持15秒，换左腿做下压动作。

坐立伸展：后背平直，坐下，两脚心相对，两膝外展；两手用力下压两膝，使大腿内肌肉有紧绷感；保持15秒，反复练习多次。

仰卧抱腿：仰卧，右腿踝关节交叉置于左腿膝关节处；两手抱左腿，缓慢向上提起，直到右臀及大腿肌肉有紧绷感；保持15秒，换另一条腿做相同的动作，反复练习多次。

弓步压腿：右腿向前跨出呈弓步，右膝关节向前不可超过脚尖，左腿用力伸向身体后方；两手叠放并置于右膝；后背平直，左腿绷紧，用力下压；保持15秒，换另一条腿做相同的动作。

弓步支撑：站直，面向墙壁；两手臂伸直，手掌撑墙；屈右膝，左腿用力向身后伸直，呈弓步；保持15秒，换另一侧腿做相同的动作，反复练习多次。

栏杆压肩：面向栏杆站好（栏杆高度大概与腰部持平）；身体前倾，两臂伸直且搭在栏杆上；背部平直，两臂用力向下做有节奏的压肩。保持20秒，反复练习多次。

★ 动态伸展

动态伸展对提升青少年的柔韧素质非常有效。你可以尝试以下动态伸展的方法：

跪压脚面：跪地，两脚背紧贴地面，上半身挺直；利用身体的重量用力向前、后移动，以反复下压脚背。反复练习多次。

前、后踢腿：侧身站在墙边，右手伸直，手掌触墙；微屈左膝并抬起，左腿站直，前后摆动屈膝的右腿；保持身体平衡，右腿向前、后各踢10次，换左腿做相同的动作，反复练习多次。

移动中提膝抬腿：两腿向胸前交替做提膝抬腿的动作；当膝关节抬到最高点的时候向前伸直小腿；大腿快速下压；移动距离30米左右，反复练习多次。

后退跑：两脚交替蹬地进行后退跑；跑的过程中，腿一定要蹬直，跨步要大；移动距离为30米左右，反复练习多次。

★ 被动伸展

被动伸展对提升青少年的柔韧素质有很大帮助，具体可以尝试以下被动伸展的方法：

两膝触胸：仰卧，屈两膝；在同伴的帮助下，两膝触碰到自己的胸部。保持20秒，反复练习多次。

仰卧举腿：仰卧，右腿伸直，左腿上举；同伴的一只手帮忙固定住左膝，另一只手按住右肩。保持20秒，换另一侧做相同动作，反复练习多次。

仰卧两腿交叉：仰卧，在同伴的帮助下将右腿与左腿交叉起来；同伴用自己的脚抵住参与训练的青少年的左腿，使其保持稳定；两腿交叉呈直角；保持20秒，换另一条腿做相同动作，反复练习多次。

胸部伸展：坐好，两手放在头后方；同伴用两腿抵住参与训练的青少年的身体，用两手用力拉参与训练的青少年的两臂；保持20秒，反复练习多次。

肩背伸展：俯卧，两手相握上举；让同伴坐在身上，同伴的一只手拉住参与训练的青少年的两手，另一只手顶住其后背并拉紧两臂。保持20秒，反复练习多次。

弹跳力训练

＊ 篮下畅聊 ＊

　　青少年奋力一跳，篮球直奔篮板，顺利穿过篮筐，稳稳地落到了地面，这是多么精彩的得分画面。弹跳力在篮球运动中也是非常重要的。具体来说，培养青少年的弹跳力的重要性体现在哪些方面？如果青少年的弹跳力不够出众，可以采用哪些方法进行训练呢？

🏀 提升弹跳力，增加制空优势

　　弹跳力也叫"弹跳能力"，即借助腰部、腿部肌肉的爆发力使身体腾空到一定程度的能力。

　　在传接球的过程中，跳得高，一方面可以让你更容易接住由高处传来的篮球，另一方面也使你有机会躲避对手的拦截，将球抛向远处的队友。在投篮时，如果你能跳得高一点，那么你的球就会离篮筐更近一点，也就增加了中篮的概率。

出众的弹跳力能帮助青少年提升中篮概率

弹跳力的训练方法

以下是适合青少年训练弹跳力的方法：

跳绳训练：两人手持绳准备摇绳，一人在绳中间站好；听到"开始"指令后，摇绳的人开始摇绳，跳绳的人开始跳绳。跳绳时可以轮换进行单脚跳、双脚跳、高抬腿跳等。

连续深蹲跳：深蹲，听到"开始"指令后，立即在原地跳起；落下时，身体仍然保持深蹲状态。连续跳20次。待熟练之后，可以在跳起时做伸手摸球的动作，即两手尽可能地向上够。

原地跳起，摸篮筐：在球篮附近站好；听到"开始"指令后，一边助跑几步一边跳起，用手摸篮筐。反复练习多次。

向篮板抛球：双手持球，站在离篮板大约两米远的地方；听到"开始"指令后，立即将球投向篮板，待球弹回至手中或是接过同伴送来的球后，跳起投篮。反复练习多次。

指|点|迷|津

弹跳力训练的注意事项

要确保弹跳力训练的有效性，避免因为训练不当而造成膝关节的损伤，参与训练的青少年必须注意以下问题：

其一，注意对力量、速度及协调性的训练，只有各方面素质均衡发展才能使弹跳力得到最好的呈现。

其二，起跳时要注意爆发力，身体动作要协调，落地时要确保身体平衡、稳定。

其三，重视连续跳的能力的提高，加强对各种方式的双脚起跳的训练。

其四，合理安排弹跳力训练的运动量和强度，避免因为训练过度而造成膝关节损伤。

篮球心理素质训练

● 篮下畅聊 ●

当你进入陌生的场合尤其是还没有做好充足的准备时，总是很容易紧张。那么，在篮球比赛中，你也会紧张吗？紧张的情绪会不会影响你在球赛中的表现？对于青少年而言，在赛场上除了要控制好自己紧张的情绪外，还应该注意哪些方面？为什么训练篮球心理素质对于青少年来说是非常重要的？经过科学的训练，青少年的篮球心理素质会得到很好的提升。那么，篮球心理素质可以采用哪些方法来训练？

◉ 打造健康心理，尽享篮球运动乐趣

在篮球运动中，心理素质即应该具备的心理条件，主要涉及五个方面。其一，能用手臂、手指及手腕肌肉敏锐地触碰球，感知篮球场

上的氛围；其二，能注意到周围的一切变化，并能将注意力用在关键的地方；其三，可以及时、准确地预测球、其他参与训练或比赛的青少年以及自己的动作及发展结果；其四，能排除一切干扰，让内心保持平静，从而清醒地做出决策；其五，具有良好的人格特征，如外向、活泼、独立、顽强、自信、灵活、情绪稳定等。

在篮球比赛中，青少年很容易受场内外各种因素的干扰，影响心理状态进而影响篮球水平的发挥。比如，当裁判对场上的状况进行判罚时，青少年很容易变得紧张，生怕自己不小心违反了规则；当对手对本队进行语言攻击时，本队球员会非常气愤，甚至采取极端的手段予以回击。显然，不好的心理状态一定会影响青少年在场上的表现。反过来说，好的心理素质往往是获得比赛胜利的关键因素之一。可见，心理素质的好坏对于青少年有多么重要。

因此，在进行篮球比赛前，青少年一定要调整好心态，积极开展心理素质训练。

快乐地迎接篮球比赛

篮球运动心理素质的训练方法

训练青少年的心理素质可以采取以下方法：

★ 篮球运动常见负面心理应对方法

在篮球比赛中，青少年经常会出现心理紧张、胆怯、淡漠、自负等心理问题。这些心理问题很容易使其在比赛中不能正常发挥实力和潜力。

要克服这些不良心理，青少年就要在赛前积极参与相应的训练。

其一，要想克服紧张情绪，不妨尝试以下几招：

克服紧张情绪

自我暗示：依次放松自己身体各个部位肌肉，告诉自己"放轻松""我很棒""我一定没问题的"。

听音乐：在日常学习、运动之余，多听一些舒缓的音乐，以减少紧张感。

大喊发泄：通过大声喊，让自己从紧张的情绪中抽离出来。

其二，要想克服胆怯情绪，可以尝试这种办法：

克服胆怯情绪

　　鼓励自己，肯定自己的优势，对自己说："我可以的""我
耐力超强，绝对没问题"等；忽略或弱化对手的优势，将注意力
集中在比赛本身上。

其三，想克服淡漠情绪，可以采取这种训练方法：

克服淡漠情绪

　　熟知比赛的有利条件，通过各种训练来调动自己对比赛的热
情，增强斗志，以饱满的精神状态参加比赛。比如，在比赛前观
看一些如拳击比赛的视频以激发兴奋的情绪。

其四，如果你被自负心理所困扰，不妨做这样的尝试：

克服自负心理

　　端正态度，看清对手的实力，预估比赛中可能出现的状况，
并做好轻松应对的准备。

★ 模拟比赛训练法

青少年可以在赛前进行一些模拟比赛的训练，在较为真实的比赛场景中开启训练，提前感受到与比赛一样的压力，在逐步适应的过程中努力提升应变与承受能力。具体训练的内容有裁判员的错判、误判的模拟；比赛环境、场地的模拟；观众影响的模拟等。在这样的训练中，青少年可以积累一些比赛经验，不断增强心理素质，这样在正式的比赛中面对一些状况也能保持一种放松的心情，从而获得良好的成绩。

温故知新

　　青少年的运动素质既包括身体素质又包括心理素质。身体素质主要包括力量素质、速度素质、耐力素质、灵敏素质、柔韧素质、弹跳力素质。如果没有良好的身体素质，那么青少年在篮球比赛中既不能更好地呈现动作，又容易发生运动损伤，从而影响最终的成绩。同样，如果没有养成良好的心理素质，也必将影响其运动素质的发挥。因此，在正式进入篮球比赛之前，青少年既要进行身体素质的训练，又要接受心理素质的训练。只有将身心都调整到最佳状态，才能在比赛中有超越预期的发挥。

第四章

篮下风采：篮球技术学练

在对抗激烈的篮球场上完成一个帅气的投篮，一定会获得队友的认可，同时赢得满场喝彩。

青少年学练篮球，必须时刻适应篮球场地中人、球的快速与持续的时空转换，并注重篮球技术动作的准确、快速、果断，以免在慌乱无措中错过良好的传接球和投篮机会。

要想在篮球场上大展身手，日常必须注重篮球技术学练，只有这样，才能在场上激烈的对抗中发挥自己的篮球技能水平，用出色的表现来证明自己的实力，赢得自信、收获成就感。

抢占先机：移动

在篮球场边观看其他同伴的篮球训练和比赛时，你有没有关注到篮球场上的人总是处于不停的移动中呢？当你参与到篮球训练和对抗中时，你有没有注意到自己在场上需要时刻在不同位置和人员之间穿梭呢？谁的移动更快、方向更准确，谁就有机会抢到球、占领先机。你觉得在篮球学练中移动练习重要吗？为什么？

接触过篮球运动的青少年一定会有这样的感受，那就是在篮球运动中，需要不断地走、跑、跳、转身，而且需要在场上不断移动身体来适应场上队友、球、对手的位置变化，准确、快速地移动在篮球运动中非常重要。

结合篮球运动移动的方式，一起来认识以下几种移动技术及其方法。

起动

起动，是篮球移动技术的开始，需要身体从静止状态快速过渡并进入运动状态。

青少年在练习起动时，要特别注意降低重心，这是快速起动的重要秘诀。降低重心时，上体稍前倾，利用脚掌快速、有力地蹬地，由此来获得身体快速起动的力量。

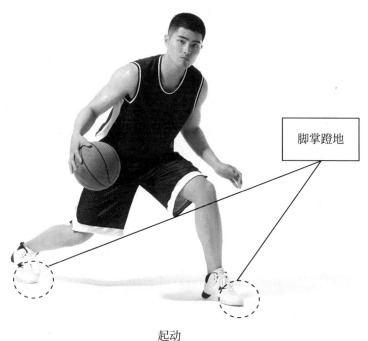

脚掌蹬地

起动

移动步法

移动迅速、身形灵活的青少年在参与篮球运动时往往更能得心应手，移动慢的青少年也不必灰心，通过篮球移动步法练习，可有效提高移动速度和移动的准确性。

青少年可以通过以下常见篮球移动步法来提高自己的移动能力：

★ 跨步

跨步，只改变身体位移，不改变身体方向。

跨步移动的具体方法是中枢脚支撑身体重心，另一脚向（侧）前方跨出，根据先移动脚与移动方位的关系可分为同侧跨步和异侧跨步两种。

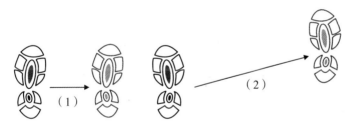

同侧（向右前）跨步

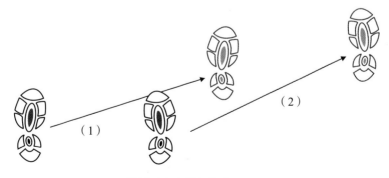

异侧（向右前）跨步

在篮球场上，根据移动需要，灵活确定移动方位，如向前、向后、向左、向右、向左前、向右后等灵活移动。

★ 滑步

1. 左右滑步

滑步是一种常用的篮球运动防守步法，可以简单理解为身体通过脚步的移动实现水平方向的位移。

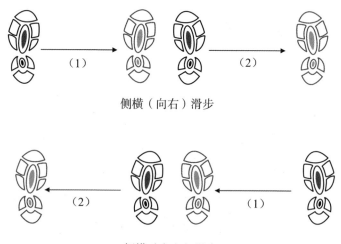

侧横（向右）滑步

侧横（向左）滑步

2. 前后滑步

滑步除了左右方向的脚步和身体位移，还可以实现前后方向的脚步和身体位移，即前滑步和后滑步。

前滑步时，上体稍前倾，保持前后开立的低重心姿势，双脚先后向前滑动；后滑步的步法动作与前滑步相同，方向相反。

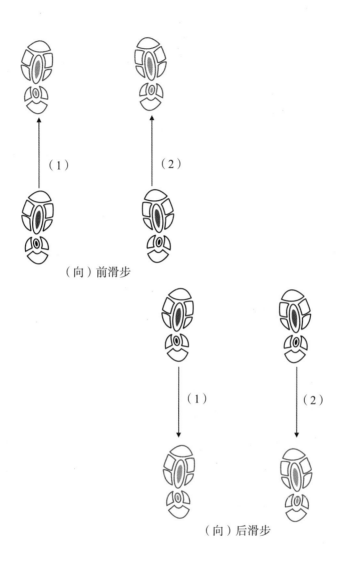

（1）　　　　　（2）

（向）前滑步

（1）　　　　　（2）

（向）后滑步

3. 滑跳步

快速的滑跳步能让青少年在篮球场上更快地接近球或对手。具体做法是上体前倾，前脚掌连续蹬地，小步、快速向目标方向移动。

滑跳步的优点

★ 攻击步

攻击步常用于篮球防守中的突然进攻时，当青少年在球场上准备阻挠对手进攻或准备直接上前抢断球时，可以尝试降低重心，看准时机，突然蹬地前跨逼近对手，干扰对方或抢断球。

★ 后撤步与绕步

如果在篮球场上遇到对手突然靠近拦截，应该怎么办呢？利用后撤步远离对手、通过绕步绕过对手都是很不错的方法。

向后撤步时，前脚掌用力蹬地向后回撤，同时，后脚掌用力碾地，身体用力向后撤转。

绕步时，向斜方跨步，另一只脚紧跟，迅速绕过对手，同时，双臂注意保护球不被对方截获。

指｜点｜迷｜津

中枢脚

中枢脚是指篮球运动中球员与地面接触的那只脚。

当球员双脚站在地面上时，一脚抬起后，另一只接触地面的脚就可以称为中枢脚。

当球员双脚离地时，落地时先接触地面的脚就是中枢脚，如果双脚同时落地，那么就不存在中枢脚。

跑和跳

★ 跑

青少年一般反应灵敏、动作快，但是如果在篮球场上跑时起动稍慢几秒，或者不够快，就很容易抢不到球、不能拦截对方的进攻。所以，在学练篮球时，积极学练跑的技术是非常重要的。

篮球运动中，跑的技术与方法主要有以下几种：

变速跑：慢跑变快跑时，上体前倾，前脚掌短促有力地蹬地，小步加速，加快跑速；快跑变慢跑时，逐渐加大步幅，脚掌抵地缓冲，降低跑速。

变向跑：以从右向左的变向跑为例，最后一步时，右脚前脚掌内侧蹬地，扣脚尖，屈膝，左转腰，移重心至向左跨出的左脚。

侧身跑：确定目标方向，脚尖对准目标方向，脚掌用力蹬地，上体向目标方向倾斜，持续迈步跑进。

后退跑：上体挺直，两脚的前脚掌交替蹬地向后跑动，两臂配合摆动以保持身体平衡。

跑的技术动作与方法

★ 跳

青少年学练篮球，要想在篮球场上争取到制空（控制空间）优势，就必须充分认识到跳的重要性，无论单脚跳还是双脚跳，都要做到动作准确、干净利落。

单脚跳：屈膝，起跳腿前脚掌用力蹬地，腰胯上提，两臂上摆，另一腿起跳，两腿在空中伸直并拢，展腰。落地时注意屈膝缓冲。

　　双脚跳：屈膝，两脚用力蹬地，两臂配合上摆，身体腾空，展腰。落地时注意屈膝缓冲。

跳的技术动作与方法

急停与转身

　　篮球场上情势瞬息万变，随时可能转换前进方向，这时就需要应用到急停与转身技术。青少年学练篮球急停和转身技术可具体参考以下技术动作要领与方法：

★ 急停

　　当在场上遇到对手突然拦截或者需要改变既定战术变换运球、投球方向时，需要停下并对身体方向与行进方向快速做出调整，这时就需要青少年具备良好的急停制动能力。

　　急停时，可以根据具体情况选择跨步急停或跳步急停。

跨步急停：跨出一大步，身体后仰缓冲减力，再跨出一大步，前脚掌内侧着地蹬地，脚尖内转，屈膝，上体前倾并侧转，随后向新的方向前进。

跳步急停：移动过程中，用单脚或双脚起跳，上体后仰，双脚落地，屈膝缓冲。

急停的技术动作方法

急停可以帮助青少年在场上快速制动和停止，这样不仅可以实现自身的移动转换，也能令对手措手不及。

★ 转身

转身可以帮助青少年在篮球场上行进的过程中快速、突然改变行进方向，通常用于躲避对方的拦截、抢球或及时接应同伴。

前转身：一脚（中枢脚）承担重心和身体平衡，另一脚（移动脚）向目标方向跨出，转身时，中枢脚前脚掌用力碾地，肩部、腹部积极带动身体转动。

后转身：一脚（中枢脚）承担重心和身体平衡，另一脚（移动脚）向目标方向撤步，重心后移，上体和腹部扭转，带动整个身体向后扭转。

转身的技术动作与方法

争取主动：运球

基本运球技术

★ 高运球

高运球中的"高"，指球的反弹高度相较于身体来说，处于与上半身相当的"较高"的位置。青少年在高运球中拍打篮球时，一般应将球的反弹高度控制在胸腹之间。

高运球时，上体稍前倾，屈膝，屈肘，手臂自然屈伸，手腕与手指协调用力、按拍球的后上方，球的落点在运球手臂的同侧脚的外侧，球的反弹高度在胸腹位置。

高运球

★ 低运球

低运球中的"低"指球的反弹高度相较于身体来说，处于与下半身相当的"较低"的位置。青少年在低运球中拍打篮球时，一般应将球的反弹高度控制在膝关节上下的高度。

低运球时，降低重心，上体稍前倾，屈膝，屈肘，手臂自然屈伸，手腕与手指协调用力、短促地按拍球的后上方，球的落点在运球手臂的同侧脚的外侧，球的反弹高度在与膝关节差不多的高度。

低运球

★ 胯下运球

胯下运球，运球时，球经过胯下，是在面对对手的堵截时摆脱对手的常用运球技术与方法。

胯下运球

以右手运球为例，左脚在前、右脚在后，右手按拍球的右侧上方，使球从两腿之间、胯下经过后，至身体的左侧，上右脚，换左手运球。

青少年在学练胯下运球时，注意保持动作的连续性，尽量避免有长时间的停顿或出现滚球的动作。

★ 背后运球

背后运球，指运球过程中使球从背后经过的运球方法，一般用在躲避对手的拦截时，目的在于避免对手正面抢夺球。

> 以右手运球为例，右脚在前，右手将球拉到背后的右侧，左手及时转腕按拍球，将球按拍至身体左侧前方，换左手继续运球。

右手背后运球技术动作与方法

运球过程中，应注意合理控制右手按拍和提拉球的动作速度，并注意两手换手按拍球的动作要协调。

运球进阶

★ 转身运球

很多青少年经常羡慕一些篮球运动员能做到人随球动、球随人走，即便是在奔跑、跳跃、转身时也能时刻让球跟随身体运动。通过转身运球的学练，可以很好地锻炼青少年对球的控制能力和提高运球技能水平。

以对手在右前侧堵截为例，迅速上左脚承担重心，屈膝，以左脚前脚掌为轴蹬地，向后转身，右手将球拉至身体后侧方，将球的反弹和落地控制在身体外侧，换左手运球，完成转身。

转身运球技术动作与方法

★ 变向运球

根据运球的不同方式，变向运球可以分为多种技术动作，最常见的是体前变向换手运球和体前变向变速运球。

青少年在学练变向运球时，要注意结合场上实际情况灵活选择转换方向，具体可根据对手站位选择变向。

以向对手右侧突破为例，先将球运向对手的左侧，诱使对手向左拦截，迅速将球运向右侧，右手按拍球的右侧上方，向左前跨右脚，转身探肩，左手按拍球的后上方超越防守。

体前变向变速运球技术动作与方法

做假动作诱使对手误判实现变向运球，先将球从一侧拨至身体另一侧，换手按拍球，当对手跟随己方移动而移动时，快速将球拨回，蹬地转身，运球离开。

变向换手运球技术动作与方法

将球从右侧拨至体前中间位置，观察对手的反应，当对手向左侧移动堵截时，迅速将球拨回右侧，左脚向右前跨出，右手向前运球，加速前进。

变向不换手运球技术动作与方法

★ 运球急停 / 运球急起

在篮球训练或比赛中，各种紧急情况时有发生，这需要青少年敏锐观察、快速反应，在遭遇对手的围追堵截时，通过及时、快速改变运球节奏能打乱对方的堵截计划，这就需要青少年学练和掌握运球急停和运球急起技术，以轻松应对运球中的急停或急起需要。

运球急停：在快速运球过程中，如果想要快速、突然停下时，急停时，屈膝，降低身体重心，运球手按拍球的前上部，控制球的落点。

运球急停技术动作与方法

运球急起：在静止状态下，如果想要快速起动运球离开，应用中枢脚快速蹬地，倾斜和转动上体并带动身体移动，运球手按拍球的后上部，人与球一起快速移动。

运球急起技术动作与方法

有效配合：传接球

● 篮下畅聊 ●

　　篮球是一项集体性球类运动，在篮球场上，攻守双方的不同队员、球时刻都在发生变化，要快速实现球的时空位置转换，队友之间的传接球必不可少。那么你知道准确和快速的传接球需要注意哪些方面吗？

🏀 传球

　　在篮球运动中，传球必不可少，而且在同伴的攻防配合中非常重要。很多青少年认为传球就是简单地"将球扔给同伴"，实际上并非如此，传球看似简单，实则不简单，需要青少年准确预判场上队员的位置和移动速度，科学把控传球的用力大小、用力方向，灵活采取手臂的伸、摆、绕等动作方法，将球准确、及时传出。

具体来说，篮球传球技术有如下几种：

★ 双手传球

青少年初学篮球传球技术，可以从双手传球开始，通过胸前传球、头上传球、肩上传球等技术动作，循序渐进地熟练掌握传球技术。

双手胸前传球：双脚前后站立，微屈膝，上体稍前倾，体侧自然屈肘，双手胸腹前持球，蹬后脚发力，前伸两臂，内旋手腕，迅速用食指与中指发力将球向前传出。

双手头上传球：双脚前后站立，双手头上持球，微屈肘，向传球方向跨一步，手腕后转，先将球引至脑后，再将球向前抛传。

双手肩上传球：双脚前后站立，根据传球远近和高度，选择跳起或屈膝降低重心，双手肩上持球，微屈肘，手臂快速爆发式用力，将球向目标方向抛传。

双手传球技术动作与方法

双手肩上传球

★ 单手传球

以右手单手肩上传球为例，具体传球技术动作与方法如下：

持球准备时，可先双手持球，两脚自然站立，保持身体平衡，右手托球将球引到右肩上方，肘部外展，手腕后仰。

传球时，左脚向目标方向迈步，右脚支撑身体重心、用力蹬地，转体，右前臂前挥，屈腕，食指与中指协调用力将球拨传出去。

球出手后，重心随身体移动而前移，右脚随之向前迈出，保持身体平衡并快速投入接下来的训练或对抗中。

单手肩上传球

🏀 接球

接球是对传球的回应，对应传球技术，接球技术也大致分为两大类，即双手接球、单手接球。

★ 双手接球

接球前，目视来球，双臂前伸，双手手指自然分开，保持半圆形动作迎接球，肩、臂、腕、指保持放松，不必过分紧张。

接球时，指端先触球，逐渐过渡到双手牢牢包裹住球，接球的同时，随球后引双臂，缓冲来球力量。

接球后，注意保持身体平衡、用身体保护球，并快速根据场上情况为下一步行动做准备。

★ 单手接球

以右手接球为例，单手接球技术动作如下：

接球前，看准来球，右脚积极向来球方向迈出，右臂微屈，手指自然分开，手掌成勺形，伸手迎球。

接球时，手指与球积极接触，手指触球后顺势卷腕，后撤手臂，收肩，转体，左手辅助握球，将球保护在胸前。

接球后，注意将球引到胸前以保护球，并伺机传球、运球，或直接进行投篮得分。

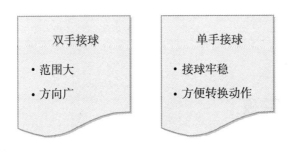

双手接球
· 范围大
· 方向广

单手接球
· 接球牢稳
· 方便转换动作

不同接球方式的优点

需要特别提醒青少年篮球学练者的是，不论是双手接球还是单手接球，都要注意随来球顺势后引，屈肘缓冲来球的冲击力。

冲出包围：持球突破

● 篮下畅聊 ●

　　篮球运动场上竞争激烈，当好不容易接到同伴传来的球后，遇到对手"围追堵截"应该怎么办呢？如何果断冲出重围？

　　运球过程中，遇到对手拦截，意图从你手里打断运球，甚至是抢走球，又该如何正确处理呢？

🏀 原地持球突破

★ 同侧步突破

以左脚为中枢脚为例，具体突破技术动作与方法如下：

突破前，左右脚开立，稍屈膝，降低重心，胸腹之间持球。

突破时，右脚向右前方跨出，重心前移，右转体，随后，左脚掌蹬地，向右前方跨出，右手运球，突破防守。

★ 交叉步突破

交叉步突破，是通过脚下交叉步的移动步法来实现突破。青少年在学练原地交叉步持球突破时，要快速确定中枢脚。

以右脚做中枢脚为例，突破步骤和动作如下：

突破前，两脚左右分开，屈膝，降低重心，持球位置在胸腹之间。

突破时，左脚掌蹬地，上体右转，左肩下压，重心前移，右侧引球，中枢脚蹬地跨出，突破防守。

🏀 行进间突破

在运球过程中遭遇对手拦截时，可通过以下步骤和动作方法进行突破：

接同伴的球时，积极伸臂迎接来球，单臂或双臂接球后，快速将球引到身体旁，并注意保护球，防止球被对手截走。

运球时，注意观察场上情况，准确、快速判断场上不同人员的位置和移动，面对拦截对手，屈膝降低重心，保持身体平衡，可以做假动作迷惑对方，或快速突然转身、移动，突破防守。

突破后，迅速调整状态进行下一步动作，或传球，或投篮。

🏀 转身突破

移动和运球技术基础较好的青少年，在面对对手拦截时，可选用转身突破，转身时注意保持身体平衡。

前转身突破：以左脚做中枢脚为例，屈膝，降低重心，右脚掌蹬地，转身，右脚随之跨步，压左肩；左脚蹬地跨出，突破防守。

后转身突破：以左脚为中枢脚时，屈膝，降低重心，左脚蹬地，向后转身，右脚右后撤步，上体后转，压右肩，左脚蹬地跨出，换左手运球，突破防守。

转身突破动作与方法

帅气得分：投篮

 **正确持球**

当你拿到篮球时，脑海里闪过的第一个想法一定是快速投篮得分，先别急，在投篮之前，要掌握正确的持球动作，这对于提高你的投篮命中率有非常重要的帮助作用。

★ 双手持球

以胸前持球为例，双脚自然开立，屈膝降低身体重心，做好准备。

双肘体前自然屈肘，双手手指自然分开，两手拇指相对成八字形，手心空出，指根支撑，将球握在双手之间。

双手持球

★ 单手持球

持球时，肘尖自然下垂，持球手的五指自然分开，手心空出。

持球时，手腕后仰，手掌张开，尽量扩大大拇指与小拇指间的夹角，以增加手对球的支撑面，用指根及其以上部位托球。

帅气投篮

★ 原地投篮

原地投篮时，球员更容易控制身体重心，非常适合青少年初学者学练。因此，青少年初学投篮，可从原地投篮开始学练投篮技术。

原地单手肩上投篮：以右手投篮为例，双脚前后或平行开立，屈肘，手腕后仰，五指自然张开，右手额前持球，左手扶球侧，屈膝，双脚用力蹬地，伸腰、展腹、抬肘、伸臂，手指用力弹拨球，将球用力投向篮筐。

　　原地双手胸前投篮：胸前持球，屈膝，两手五指自然张开，手心空出，手指和手掌触球；两脚用力蹬地，展体、伸臂，手腕外翻，手指用力推送球，投球入筐。

原地投篮技术动作与方法

单手肩上投篮手型动作

　　投篮时，注意投球角度和投球的弧线轨迹，以提高投篮命中率；投球后，手臂应有跟随球飞行的自然跟进动作。

★ 行进间投篮

行进间投篮需要人体在移动的过程中完成投篮，因此与原地投篮相比，行进间投篮技术比较难掌握，但是，千万不要知难而退，相信通过科学、勤奋的练习，你一定能很好地掌握这项技术。

下面重点来了解以下几种行进间投篮技术动作与方法：

> 看准篮筐方向，右脚大步跨出，左脚快速跟进，脚跟先着地，上体稍后仰上体，屈膝，快速蹬地起跳。

> 身体腾空后，右臂前伸，高高举球，伸腰、展腹、抬肘、伸臂，手指用力弹拨球。

> 球出手后，手臂随球的飞行前伸，手臂收回，双脚同时落地，屈膝缓冲。

> 整个投篮动作应连贯，起跳充分、拨球有力，随球伸臂、落地缓冲等动作节奏应紧凑。

行进间右手肩上高手投篮技术动作与方法

看准篮筐方向，右脚向前大跨步，左脚迈出一小步制动，快速蹬地，用力起跳。

　　身体腾空后，充分展体，右臂积极前伸送球，手心向上举球，尽量使球靠近篮圈，挑腕，中间三指用力将球拨出投向篮筐。

　　球出手后，手臂随伸。落地时，注意屈膝缓冲。

行进间右手低手投篮技术动作与方法

　　左脚大步跨向球篮方向，用力蹬地起跳，右腿向上提腿，右臂前上伸出送球。

　　身体腾空后，充分展体，屈腕、压指，食指与中指用力拨球投出，使球旋转入篮。

　　球出手后，手臂随伸后收回，注意落地缓冲。

行进间右手勾手投篮技术动作与方法

★ 跳投

跳起投篮，简称"跳投"，是指身体起跳腾空，在空中完成投篮的投篮技术。以右手投篮为例，具体动作与方法如下：

两脚开立，胸前持球，目视篮筐，判断投球轨迹和力度。

屈膝，用力蹬地起跳，身体腾空后，展体、提腹、伸腰，积极摆臂，向上举球。

身体腾空至最高点时，积极向前上伸直手臂，屈腕、压指，爆发性用力将球拨出。

球出手后，屈膝，注意落地缓冲。

跳投技术动作与方法

★ 扣篮

扣篮是自上而下，在空中将球用力灌入篮内的投篮技术。具体投篮方法如下，可参考学练：

原地双脚起跳双手扣篮：双手持球，双脚用力蹬地起跳，身体腾空后，充分展体，高高举球，双臂用力前屈，屈腕、压指，将球用力扣入篮圈。

行进间单脚起跳双手扣篮：双手持球，一脚大步跨出，另一脚提腿起跳，身体腾空后，充分展体，高高举球，手臂、手指爆发性协调发力，将球扣入篮圈。

行进间单脚起跳单手（右手）扣篮：右脚大步跨出，左腿快速提腿上跳，身体腾空后，充分展体，高高举球，屈前臂，突发性屈腕、压指，将球扣入篮圈。

扣篮技术动作与方法

用力
砸入

扣篮

指 | 点 | 迷 | 津

投篮不中，积极补篮

如果投篮不中时，应该怎么办呢？什么都不做，等对手在篮下将球抢走显然不是很好的选择。

无论是同伴还是自己，如果投篮不中，不要轻言放弃，可在篮下伺机补篮，争取再次投篮得分。

积极关注投篮情况，如果球没有进入篮筐，而是从篮圈或篮板弹出，这时，可以快速蹬地起跳，在空中用单手或双手将球托入、拨入或扣入篮圈，这便是补篮。

凌空一跃：抢篮板球

占据有利位置

有利的位置，是成功抢篮板球必不可少的前提条件，要占据有利位置，可以根据球的反弹来确定最佳抢占位置，具体如下：

在球篮一侧45°角投篮	球反弹在同侧或对侧45°角位置
正对球篮区投篮	球反弹在罚球线附近
在底线0°角投篮	球反弹在球篮另一侧或同侧位置

投篮位置与球的反弹位置规律

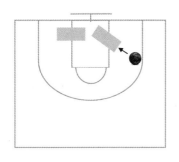
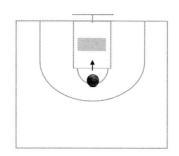

不同投篮位置与球的相应反弹位置场地示意图

🏀 抢防守篮板球

抢防守篮板球的目的在于由守转攻，方法如下：

观察对手动态，积极靠近对手，运用上步、撤步和转身等方法抢占有利位置，伺机阻截对手。

移动到有利位置后，屈膝，降低重心，两肘外展扩大抢占空间，通过预堵、转身、阻挡、起跳、抢球等动作，把进攻队员挡在身后。

预判球的落点，及时蹬地起跳，伸臂够球，获球后注意保护球，根据场上情况传球给同伴或自己运球攻向对方篮下。

🏀 抢进攻篮板球

抢进攻篮板球的目的在于持续争夺控球权，方法如下：

关注同伴和防守队员动态，预判球反弹的方向、速度和落点，重点是对球的判断，快速抢占有利位置。

同伴投篮后，积极起跳，挤靠防守人，跳起抢篮板球或进行补篮。

竞技智慧：防守

防守无球队员

★ 防守姿势

正确的防守姿势能扩大防守面积、提高防守的成功率。

强侧防守时，靠近球侧的脚在前，屈膝，降低重心，与前脚同侧的手掌心对球，积极前伸，随时准备封堵对手的接球路线。

弱侧防守时，两脚开立，屈膝，降低重心，两臂微屈前伸或侧伸，随时准备移动，干扰对方接球。

★ 防守步法

当你处于防守状态时，要时刻观察场上人、球的时空关系变化，积极采用各种移动步法，如上步、撤步、滑步、跑步、交叉步等动作移动到有利位置。防止对手接球的同时，避免使自己被封堵。

指|点|迷|津

防接球、防切入

● 防接球

青少年篮球学练者应该充分认识到，在防守无球队员的技术中，防接球是首要任务。

防守时，时刻观察场上"球、我、他"的关系，积极移动变换到有利于自己技战术发挥的位置上，准确预判，积极移动。

● 防切入

防切入是指防守对手切入或摆脱对手的切入。具体应做到以下几点：

第一，注意同时防守人与球。

第二，如不能兼顾人与球，优先防人。

第三，主动切断对手的接球路线，阻止对方联合进攻。

防守有球队员

★ 防运球

在篮球对抗中，青少年篮球学练者应时刻警惕和避免对手运球超越自己，要防守对手运球，具体应做到以下几点：

与对手保持一臂距离，保持正确的防守姿势。

随时准备移动，试图抢到或打走对方手中的球。

降低重心，保持身体平衡，积极超前追防。

阻堵对手，迫使对手向边线、场角、人多的地方运球。

防运球要点

★ 防传球

防传球要遵循两个基本原则，一是防止对手传球，二是防止对手向有利位置传球，具体应注意以下几点：

选择合理的防守位置，与对手保持适当距离。

敏锐观察对手的位置、视线与动作，准确预判。

不断挥动手臂，积极干扰与封堵对手。

阻止对手向有攻击威胁的内线传球，迫使对手向外线传球。

防传球要点

★ 防突破

当对手接球后，结合对手站姿，适时选择以下正确防守方法中的一种积极进行防守。

对方两脚前后站立时，挥臂干扰，及时后撤、侧方跨步，阻拦对手。

对手两脚平行站立时，挥臂干扰，对方离篮筐较近时注意防投篮，对方离篮筐较远时注意防突破。

★ 防投篮

在对手接球后，快速积极移动靠近对方持球者，站在对方投篮的移动路线上，并注意挥动手臂干扰对方投篮，迫使对方投篮失误或放弃投篮。

防投篮

温故知新

　　篮球技术是青少年参与篮球运动、学练篮球运动技能的重中之重，篮球技术入门简单，但要熟练掌握各种丰富多彩的篮球运动技术动作与方法并非易事，如移动技术、运球技术、传接球技术、投篮技术、抢篮板球技术、防守技术等，要熟练运用这些技术，在篮球场上大展身手，着实需要青少年篮球学练者耐心分析、刻苦练习。

　　回顾篮球运动技术学练经历，你能准确说出篮球运动主要有哪些基本技术吗？在丰富多彩的篮球运动技术中，有哪一种或哪几种技术动作是你能快速掌握和运用自如的呢？有哪一种或哪几种技术动作你还需要进一步加强练习呢？

第五章

场上较量：篮球战术学练

学练和参与篮球运动，最激动人心的莫过于在场上拼杀，用汗水和经验浇灌技能，在场上展示运动实力、展现青春风采。

在校园、社区的篮球场上，经常能见到青少年们场上拼搏的身影，如果你也想要加入其中，就必须将篮球战术配合牢记于心，与同伴默契配合，发挥个人专长，发挥团队实力。

勇敢的少年们，努力拼搏吧，去享受篮球、享受欢乐。

站位技巧

　　篮球场上对抗中，每个球队都有五名成员，他们在场上不断移动、配合、拼抢，看似毫无秩序地满场奔跑，实则每个队员都有自己的专属站位和场上职责，这就是篮球场上的站位技巧。你知道队员在篮球场上都有哪些站位吗？不同站位的队员肩负哪些职责和任务呢？

　　一场正规的篮球比赛中，对抗双方各有五名队员，因此与队员相对应的，在各自队伍的半场上有五个站位，每个队员都有属于自己的站位，彼此各司其职，完美配合。

　　篮球场上（一支队伍）站位共有五个，各自的站位职责和作用具体是什么呢？简单介绍如下：

1号位——组织后卫。1号位队员通常是整个球队的"主心骨"，在球场上发挥着领导和指挥作用。

2号位——得分后卫。2号位队员主要负责外围投篮，具有良好投篮能力的人才能担此重任。

3号位——小前锋。3号位队员应是一位"全能型选手"，要能在场上根据需要发挥其他四人的作用。

4号位——大前锋。4号位队员在场上主要负责防守、抢板，是篮下的"卫士"，应"坚守篮下"。

5号位——中锋。5号位队员通常在罚球区活动，主要负责完成防守、篮板球、得分等任务。

不同站位的队员在场上的位置可参看下图。

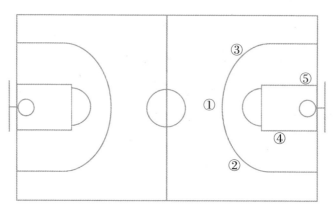

①组织后卫　②得分后卫　③小前锋　④大前锋　⑤中锋

篮球场上的站位

战术配合

● 篮下畅聊 ●

作为集体性球类运动，篮球运动需要多人共同参与才能顺利有序展开，那么你觉得在一个篮球队伍中，更应该重视个人技能发挥还是更强调队友之间的配合呢？在与队友进行配合时，有哪些具体的战术配合方法能帮助你和队友在篮球场上所向披靡呢？

🏀 进攻战术配合

★ 传切配合

传切配合，是传球与切入组成的简单配合，目的在于进攻。以下简单介绍几种传切配合学练方法，青少年篮球学练者可结合自己的情况与同伴结伴学练：

1. 二人传切

战术示例如下：

④传球给⑤，做左切入假动作，然后右切入。

⑤接球，回传给④的下一位队员，做底线切假动作，然后从左侧横切。

④至⑤队尾，⑤至④队尾。依次进行练习。

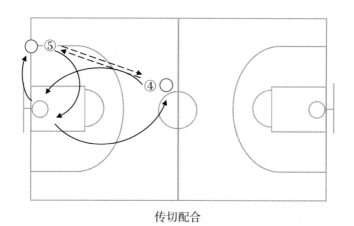

传切配合

2. 三人传切

战术示例如下：

④持一球，④传球给⑥后，从右侧切入，接⑤的传球后投篮。

⑤持一球，⑤传球给④后，横切接⑥的传球后投篮。

④⑤投篮后，自抢篮板球。

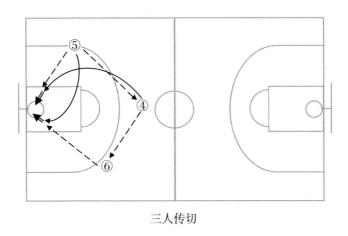

三人传切

★ 突分配合

突分配合是突破与传球的配合，目的在于创造进攻机会，伺机换人投篮得分。

战术示例如下：

④持球突破后，传球给向两侧移动的⑦，⑦接球后投篮，然后传球给⑤。

⑤接球后，从底线或内侧突破，再传球给接应的⑧，注意传球要动作隐蔽、及时准确。

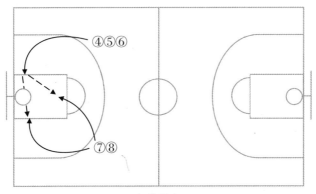

突分配合

★ 掩护配合

掩护配合，顾名思义，就是在场上用身体阻挡对手、掩护同伴的战术，目的是让同伴可以放心地完成移动、接球、投篮等动作。

战术示例如下：

●掩护④，⑥跑到●侧后方掩护④。

④先做假动作向左跨步，然后向另一侧切入，⑥适时转身跟进④。

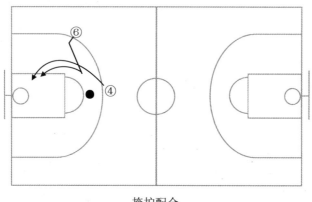

掩护配合

★ 策应配合

策应配合的目的是摆脱防守，主要通过同伴间的空切或绕过、里应外合来实现。

战术示例如下：

⑥传球给⑤，⑤再回传球给⑥，然后弧线跑动要球。

⑥传球给插上策应的④，然后切入篮下，接④的传球后，投篮。青少年可以和队友通过轮流换位来反复学练。

策应配合

🏀 防守战术配合

★ 挤过配合

当面临两个进攻队员靠近自己时，可以快速抢步贴近对手，侧身挤过，避免被围堵。

战术示例如下：

④掩护⑤，⑤在④的掩护下积极移动。

❺及时靠近防守⑤，在⑤与④之间侧身挤过。

⑤掩护⑥，❻效仿挤过。❺循环攻守。

挤过配合

★ 穿过配合

穿过配合是指当对手（进攻队员）实施掩护时，防守掩护者（防守队员）主动后撤，让同伴（被掩护的防守队员）从自己和对手（实施掩护的进攻队员）中间穿过去的配合战略。

战术示例如下：

⊗持球，④⑤⑥轮流做定位掩护，❹❺❻练习挤、穿、换防守。

⑤掩护④，⑥接传球，④借助⑤的掩护快速摆脱防守切入。❹做挤过、穿过或交换防守。

⑤做完掩护后拉出，④切入后到限制区左侧做定位掩护。⑥将球传过弧顶后利用④掩护切入，❻做挤过、穿过或交换防守。

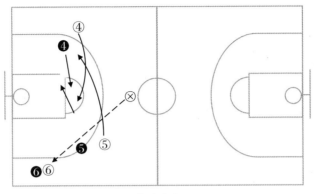

穿过配合

★ 换防配合

换防，又称交换防守，指队友之间交换自己所防守的对手的一种战术配合方法。

战术示例如下：

与④和⑥在外围传接球，传球给④，⑤掩护④。

④将球回传给弧顶队员后，趁机切入篮下。

❺跟防⑤，当④切入时，❺换防④，防止④接球。

❹在内侧防守，防止⑤接⊗的球。

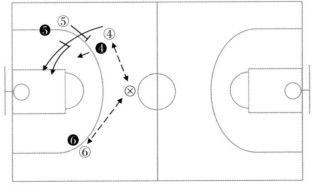

换防配合

★ "关门"配合

看到对手持球前进，及时和同伴配合，两人像两扇门一样"关闭"起来以拦住对手的行进路线，这便是"关门"配合。

战术示例如下：

④⑤⑥在外围相互传球，伺机从❹❺或❺❻间突破。

❹❺❻在防守④⑤⑥的同时，协助邻近同伴"关门"配合。

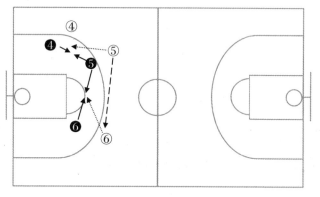

"关门"配合

人盯人进攻与防守

● 篮下畅聊 ●

　　在你初次踏入篮球赛场之前，你一定会被队友告知在篮球场上要重点紧盯对方队伍中的某一个队员，大家分工合作，可以做到全面攻防，你觉得本方队员在紧盯对方队员时，是根据站位一一对应紧盯对方队员的吗？在人盯人过程中有哪些具体的战术技巧呢？

人盯人防守

★ 半场人盯人防守

半场人盯人防守分工明确、针对性强、互补性强，而且整个队伍在防守范围上伸缩有度，可以根据需要扩大防守范围或缩小防守范围，因此这种战术使用率非常高。

1. 扩大人盯人防守范围

战术示例一：

以正面防守为例，⑥持球。

❻紧盯⑥，❹❺❼紧逼对手阻止对手接球，❽协助防守。

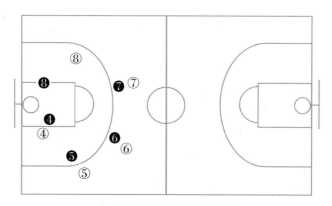

正面扩大人盯人防守范围

战术示例二：

以底角防守为例，④持球。

❹将④逼入左底角，❺上前与❹夹击④。

❻准备断④传给⑤的球并防止⑥切入。

❼准备断④传给⑥的球并防止⑦切入，❽紧盯防守⑧。

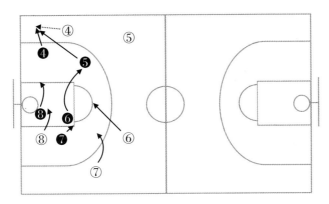

底角扩大人盯人防守范围

2. 缩小人盯人防守范围

战术示例一：

以正面防守为例，④持球，⑤与⑥位于进攻区域，⑦与⑧位于弱侧。

❹逼近并干扰④。

❺错位防守⑤，阻止⑤接球。

❻侧前防守⑥，阻止⑥接球。

❼向❹的方向后撤，协助❹防止④从中路突破。

❽向篮下❻的方向后撤，协助❻防止⑥反切篮下，并防止⑧进攻。

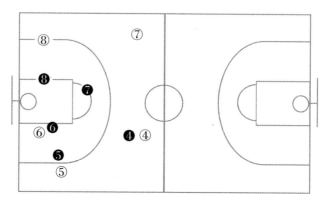

正面缩小人盯人防守范围

战术示例二：

以底角防守为例，⑦传球给⑧。

❽防止⑧投篮或从底线运球突破。

❼协防⑧，阻止⑧从上线突破。

❻❺❹紧缩至篮下，防守⑥⑤④插入空当进行进攻。

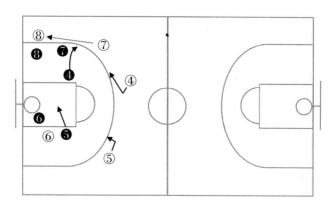

底角缩小人盯人防守范围

★ 全场紧逼人盯人防守

全场紧逼人盯人防守战术，是一种全场范围内的人盯人防守战术，防守范围大，更考验篮球运动者的战术能力。

1. 前场紧逼防守

战术示例如下：

④掷界外球，❹防守④。

❹放弃防守④，在场上积极跑动，与❺和❻配合好，随时准备切断④的传球。必要时，❹和同伴及时调整位置。

❼和分别防守⑦和⑧，防止⑦和⑧接球。

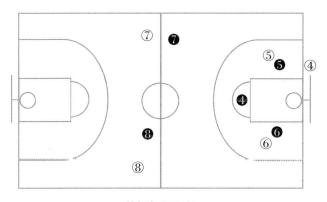

前场紧逼防守

2. 中场紧逼防守

战术示例如下：

④掷界外球，传球给⑥，⑥准备传球给⑤，意图用高大队员突破第二道防线。

❻封堵⑥，防止⑥接球。同时，❻与❺要防止⑥与⑤空切。

❽防守⑧，防止⑧接球、策应。

❼紧盯⑦，防止⑦从第三道防线中路策应或空切至篮下。

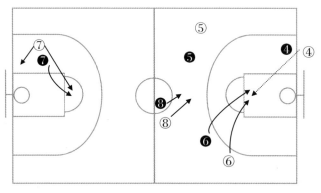

中场紧逼防守

3.后场紧逼防守

后场紧逼防守常用于后场区域的扩大防守，防守队员需要做好以下几点：

第一，底线场角的防守队员要积极封堵、夹击持球队员。

第二，其他队员积极运用错位、补位等防止对手空切至篮下。

第三，所有防守队员根据场上情况及时交换盯人、轮转补防，时刻注意加强后场防守。

进攻人盯人防守

★ **进攻半场人盯人防守**

1. 掩护突破＋空切配合

战术示例如下：

⑥传球给⑤，并跟上掩护⑤。

⑤持球突破到篮下。

⑧提上掩护⑦，再移动到篮下准备接⑤的分球或抢篮板球。

⑦移动至底线，准备接⑤的突破分球上篮，或分球给其他在篮下的同伴。

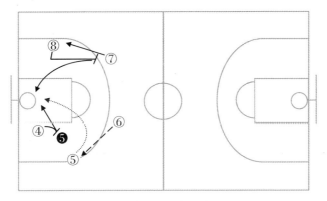

掩护突破＋空切配合

2. 掩护策应＋传切配合

战术示例如下：

⑥传球给⑦后，掩护⑤。

④做假动作后，插到罚球线上要球。

⑧掩护⑦，⑦传球给④后快速移动至篮下。

⑤插到圈顶准备策应跳投。

④根据情况做策应跳投或传给⑦准备投篮。

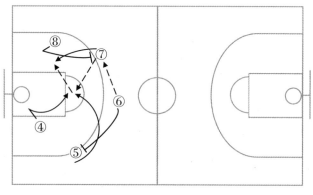

掩护策应＋传切配合

★ 进攻全场紧逼人盯人防守

1. 快攻

长传快攻能最快地实现进攻时空位置的改变，在篮球进攻战术中应用广泛，这里重点介绍以下几种长传快攻战术，青少年可参考示例战术内容和步骤进行学练：

抢篮板球后长传快攻战术示例：

⑤抢篮板球后，根据场上情况伺机长传球给⑦或⑧进行投篮。

⑦和⑧及时超越防守，进行快攻。

④⑤⑥积极移动、插空跟进。

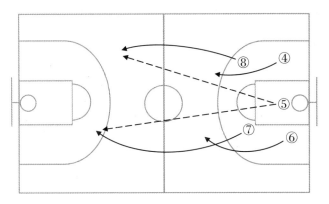

抢篮板球后长传快攻

抢篮板球后接应发动长传快攻战术示例：

⑤抢到篮板球后，受到❺的防守不能及时长传给⑦和⑧。

⑤传球给⑥，⑥接球后将球长传给⑦和⑧投篮。

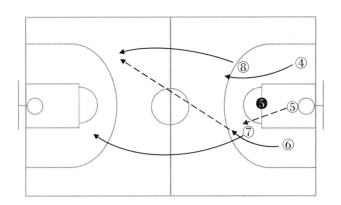

抢篮板球后接应发动长传快攻

掷后场底线球长传快攻战术示例：

对方投篮后，⑥在篮下捡球跨出底线，快速掷界外球长传。

④或⑤接⑥的传球后投篮。

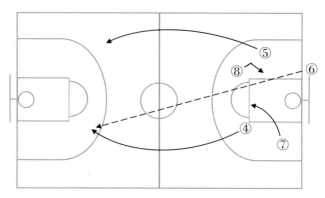

掷后场底线球长传快攻

2.逐步进攻

逐步进攻与快攻相比，"拼杀"的时空移动较慢，属于循序渐进的守转攻后战术推进，主要进攻方法有以下几种：

掩护（三人）配合战术示例：

对方掷端线界外球，⑤⑥⑧快速在罚球线附近掩护④，④快速准确传球或运球。

⑦快速突破，向端线移动，准备接长传球后直接投篮。

⑤和⑥接应，⑧为中锋，⑤和⑥向边线移动接应。

如果④传球给⑧，⑧应迅速沿右侧边线快下，⑤则迅速摆脱防守斜插中路接应，争取与⑧⑦在前场形成以多打少之势。

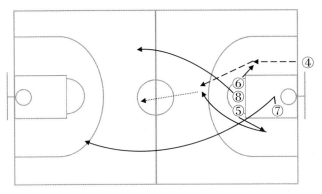

掩护（三人）配合战术

策应配合战术示例：

④掷端线球，⑥快速摆脱防守，接应第一传。

④进场接回传球，⑦中场策应，⑤快速移动至篮下。

⑧摆脱防守，传球给⑤上篮。

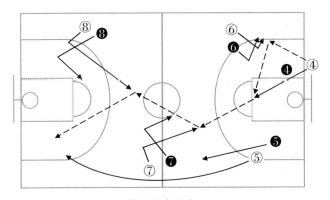

策应配合战术

区域联防

● **篮下畅聊** ●

人与球，时间与空间，是青少年参与篮球运动时需要时刻关注并牢记在心的运动要素。篮球运动场上竞争激烈，双方"拼抢"的战场一会儿在对方半场，一会儿又移动到己方半场，攻守转换迅速，在不同的半场中，有没有对应的战术策略与方法呢？简单谈一谈你的看法。

根据不同场地区域组织联防或联防进攻，是篮球运动对抗中的重要战术策略。

对于青少年来说，在篮球战术学练初期，应充分认识到区域联防的重要性，认真学练掌握相关战术策略并能做到顺利实施各项具体战术。

篮球区域联防的战术形式有很多，这里重点介绍以下几种：

"2—1—2"联防

战术阵型：

前面站两名队员，中间站一名队员，后边站两名队员。

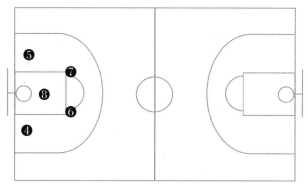

"2—1—2"联防阵型

战术示例：

以球在外围弧顶时的防守配合为例，④持球时❹，❻应根据对方的进攻阵型和对方中锋的位置决定进行防守配合。

❹上去防④，❻要稍向右移动，协助防守⑤，并准备抢断④传给⑤的球。

❼向上移动防⑦，并兼顾防守篮下。

❽防守⑧向篮下活动。

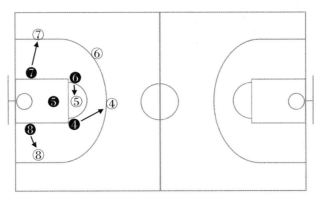

"2—1—2"联防战术

指|点|迷|津

"见招拆招"的联防进攻与联防

双方对抗，必然是"你有妙招，我有良策"，在篮球运动中，一方组织区域联防，另一方必然会有相应的区域联防进攻战术。

例如，"2—1—2"联防与"2—1—2"区域联防进攻相对应，"1—3—1"联防与"1—3—1"联防进攻相对应，对抗双方彼此总是能针锋相对，做到"见招拆招"。

无论哪一种进攻或防守战术，一定会有优点，也一定会有"攻破之法"。因此，青少年在参与篮球对抗中，无论进攻还是防守，都要熟悉每一种战术的优缺点，明确自己的站位和职责，与同伴一起默契配合，合理有效地实施既定战术，同时要结合场上情况灵活变化、机敏应对。

"1—3—1"联防

战术阵型：

前面站一名队员，中间站三名队员，后面站一名队员。

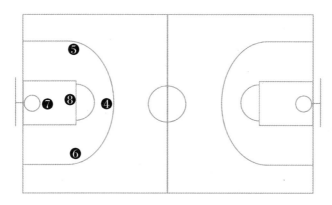

"1—3—1"联防阵型

战术示例：

⑧接球时，❽防⑧的投篮和运球突破。

❹向下移动协助❽防守⑧。

当⑥向场角移动时，❻向场角移动防⑥，❼防⑦溜底线，❺防⑤向篮下空切。

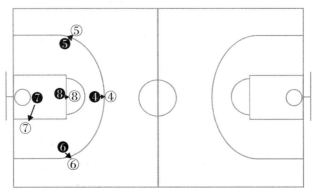

"1—3—1"联防进攻

"2—3"联防

战术阵型：

前面站两名队员，后面站三名队员。

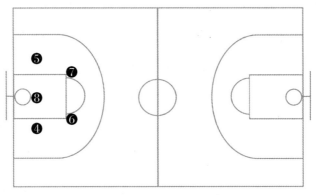

"2—3"联防阵型

战术解析：

"2—3"联防，篮下防守强，有利于争夺篮板球，是应对擅长篮下进攻的球队的非常不错的战术方法。

这里需要提醒的是，两侧45°外围属于薄弱区域，需要特别关注。

"3—2"联防

战术阵型：

前面站三名队员，后面站两名队员。

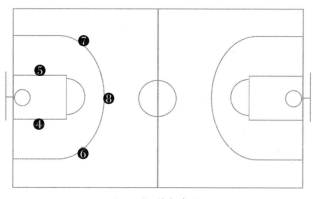

"3—2"联防阵型

战术解析：

"3—2"联防战术，能对外围中远距离投篮和抢断球快攻形成有效防守，有利于实现由守转攻。

温故知新

灵活多变的篮球战术有助于青少年积极有效地参与篮球运动，在不同的篮球战术实施过程中，青少年能充分感受到个人和集体的智慧和力量。学练篮球进攻战术和防守战术，有助于青少年切实提高篮球实战能力。

篮球战术的实施不能单凭一己之力，场上形势瞬息万变，既定的战术随时面临变化而难以实施，这就需要青少年建立战术意识，熟悉各种篮球战术的特点，同时与同伴积极协作配合，只有这样才能赢取比赛的最终胜利。那么，你知道如何建立战术意识吗？战术意识与战术行动又有着怎样的关系呢？

第六章

少年篮球运动安全

篮球是一种对抗性极强的运动，这正是篮球运动的魅力所在，但也增加了青少年在运动中出现安全问题的概率。

　　关注篮球运动安全，学会保护自己，你才能更好地享受篮球运动。为了有效地预防运动安全问题，并科学应对与处理，篮球运动安全的相关知识必不可少。

　　参与篮球运动，要时刻谨记，掌握篮球运动安全的相关知识，与增强篮球运动体能、学练篮球技战术同样重要，不容忽视。

科学补水

● 篮下畅聊 ●

　　每次打篮球时，你都会大汗淋漓吧，这种畅快的篮球体验让你沉醉，但也要注意，打篮球很容易让运动者流大量的汗，如果出汗过多，非常容易造成身体失水，而且衣服被汗水浸透，如果不及时更换干爽的衣服很容易感冒，会给你带来很多身体上的不适。那么，你知道参与篮球运动，如果没能及时补水，将会造成哪些具体危害吗？如果补水，需要在什么时候补充，应该补充多少呢？

🏀 脱水的危害

　　水是生命之源。水可以帮助青少年调节体温、运送营养代谢废物、促进营养物质代谢，从而使青少年更好地驰骋于球场。

因为篮球是一项极为激烈的运动，所以容易使参与这项运动的青少年在运动过程中排出大量的汗。同时，青少年体内的水分会不断流失，当体内的水分流失过多，并且始终得不到补给时，就会出现如口干舌燥、体温升高、头晕、身体乏力等症状。

在打篮球时发生脱水，不仅会影响篮球技术、战术的呈现，还会威胁身体健康。可想而知，在打篮球的过程中发生脱水现象是一件多么可怕的事情。

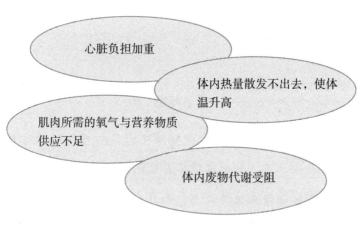

脱水的危害

当打篮球的过程中发生了脱水，那么心脏收缩后排出的血量会明显减少，但为了满足机体运动的需要，心脏就必须加快收缩。当心脏收缩速度超出其可承受范围时，就会加重心脏负担，让你感到身体不适。

当已经处于脱水状态时，体温就会急剧升高。如果不及时补水，体内热量散发不出去，持续高温，那么就容易有头晕、恶心、乏力等不适症状。

如果严重脱水，那么肌肉所需的氧气与营养物质会严重缺失，进而影响篮球技术动作的呈现，甚至造成运动损伤。

总之，青少年一旦在打篮球时出现脱水现象，将容易出现过早疲劳、运动水平下降、运动后的疲劳难以消除等问题，进而大大降低参与篮球运动的效果。

参与篮球运动前应该如何补水

为了预防因为缺水而出现身体脱水现象，青少年在打篮球之前，应该在体内存储一些水分，延缓脱水现象的发生。青少年可以在打篮球前的 1 小时少量多次饮用 500 毫升左右的含有糖和电解质的运动饮料。这些水可以作为体内的临时储备，及时补给身体中不断消耗的液体。但千万不要在短时间内饮用大量的水，否则会出现频繁排尿、恶心等症状，影响之后在篮球运动中的表现。另外，也不要等到有口渴的感觉才想起补水，因为大多数人会在身体缺水大约相当于体重的 1% ～ 2% 时，才会有口渴的感觉，此时人体就面临脱水了，将会影响人体的运动能力与机能水平。

打篮球的过程中如何补水

因为篮球训练或比赛的时间很长，始终处在高速度、高对抗、高强度的运动中，很容易出汗，所以仅靠运动前的补水有可能无法保证运动过程中的体液平衡。为了防止在训练或比赛过程中发生脱水现象，青少年要注意在运动过程中补水。

虽然在训练场或赛场上需要争分夺秒，但这并不意味着可以不顾及自己的健康，不注意补水。在打篮球的过程中，青少年应该按照少量多次的原则进行补水，可以每隔一段时间补充一定量的含有糖和电解质的水。

在打篮球的过程中，要补多少水，那得看流了多少汗。而要想知道在打篮球的过程中流了多少汗，可以根据体重的变化来计算。

在训练或比赛前，要量一下体重并记录下来，在训练或比赛结束后擦干汗水，再量一下体重并做好记录。第二次的体重减去第一次的体重就是流汗的重量。

喝水的时间可以安排在中场休息时。当然，如果没有办法做出精确的测量，那么可以大约每间隔 10 分钟饮用 200 毫升的水。

必须清楚的是，在 1 小时内不可以饮入超过 1 升的水，以免因为补水过多而出现低血钾症。另外，饮水时要小口慢咽。

这样饮水不但可以确保体内水分的平衡，而且不会突然增加心脏和胃的负担，使它们有慢慢适应的时间。

休息间歇补水

喝运动饮料能让你在补水的同时补充糖、电解质，而且运动饮料的口感好，会减少你对补水的排斥，但是，注意饮用的水的糖分不可太高，糖分含量高的水会在胃部停留更长时间，这会影响你的身体对水的吸收。

篮球运动结束后应该如何补水

打篮球之后也要注意科学饮水。具体解析如下：

经过高强度的训练或比赛，青少年需要立即补充利于恢复血糖和减少血乳酸含量的水，如可以饮用大约含150毫克葡萄糖的水。

打完篮球之后，通常会觉得特别口渴，这时，可以先用少量的水漱漱口，让口腔得到滋润，然后少量多次地饮水。每次饮水应控制在

250毫升以内。

需要特别提醒的是，不管是在打篮球之前、打篮球过程中，还是打篮球后，都不要贪凉喝大量冰水。

指|点|迷|津

补水不要"一次性喝个够"

如果因为怕麻烦或者因为口渴想喝个痛快而一次性喝大量的水，那么将不利于身体健康。

其一，如果一下子喝大量的水，那么血液就会被稀释，血量会增加，将会大大增加心脏的负担。与此同时，进入胃中的水并不会被快速完全吸收，这样就会使水在胃中贮存，如果紧接着做剧烈的运动，水在胃里不停地晃动会让身体感到很不舒服，容易引起呕吐。

其二，人体的盐分与水分是有科学的固定比例的，盐分会在排汗的过程中慢慢流失，所以如果一下子喝很多水，体液的浓度会骤然下降。身体为了保持原来的体液浓度，就会排除多余的水分，就会流汗，汗出得越多，体内的盐分与水分流失得就越多，就会感到越来越渴，就容易出现"越渴越喝，越喝越渴"的问题。

运动疲劳及恢复

● 篮下畅聊 ●

在打篮球的过程中，青少年都会为了取得好成绩而非常卖力地跑、跳、攻、守，一个回合下来身体很容易感到累。如果不能及时地缓解运动疲劳，那么在接下来的训练或比赛中就会显得非常吃力，甚至可能因为体力不支而发生意外，如运动损伤。那么，你知道什么是运动疲劳吗？你能准确判断出自己当前是否处于疲劳状态吗？如果你明显地感受到自己已经出现了运动疲劳，那么你知道如何快速摆脱疲劳吗？

🏀 什么是运动疲劳

运动疲劳既包括身体上的疲劳又包括心理上的疲劳。在篮球运动中，青少年很容易因为体力不支而跑不动、跳不起来、动作做不到位等，这就属于身体疲劳。在打篮球的过程中，有的青少年会表现得烦躁、情绪低落等，这就属于心理疲劳。

对于青少年来说，不管是身体疲劳还是心理疲劳，都会影响其在篮球运动中的表现。比如，如果跑得总是很慢，那么就很难有控球的机会；如果球就在眼前却因为队友的一句埋怨而心生嫌隙，放弃接球，那么也就失去了为本队得分的机会。

总之，不管是哪种运动疲劳，都不利于青少年开展篮球运动。

🏀 运动疲劳的判断

在篮球训练或比赛后，及时、准确地诊断自己是否疲劳以及疲劳的程度是有效恢复体力的关键。对于青少年而言，最简单易行的方法就是自我感觉法。

自我感觉法，即根据自己的感觉判断自己是否疲劳。因为人身体的各个部位是一个有机整体，所以当某个部位突然不适就会向大脑发出信号并有所反应。疲劳的典型症状有全身疲倦、头重脚轻、乏力；精神不集中、焦躁不安、情绪低落、没兴趣、经常出错；面色苍白、头晕目眩、肌肉抽搐、口舌干燥、腰酸腿疼、呼吸困难等。

教你快速摆脱疲劳

★ 在运动中注意调整状态

摆脱运动疲劳这不是只在运动后进行。有时，在运动过程中稍加调整将更利于机体功能的恢复，也更利于青少年在接下来的运动表现。比如，可以尝试以下方法让自己放松：

调整站姿：两脚前后开立，身体重心放在后脚上，两臂自然下垂，腰、背放松。

散步式放松：可以在罚球或判定犯规的间歇在原地放松地走动，也可以在中场休息时以坐姿或卧姿进行休息。

深呼吸：可以在换人的间歇做深呼吸，调整身体状态。

运动间歇的短暂休息

★ 做好运动后的放松活动

青少年在篮球运动前需要热身，同样，在运动后也要重视放松活动。放松活动主要是使青少年可以将身体快速恢复到正常的状态。具体来说，放松活动有两个作用：其一，使运动后的肌肉紧张得到缓解，避免因为大量乳酸的堆积而出现肌肉酸痛、僵硬等症状；其二，减轻身体负氧状态，保证机体得到足够的氧气，促使不良代谢得以恢复。

放松活动可以安排在篮球运动结束 10 分钟之后，可以做一些简单的整理活动如慢跑、体操等。每项放松活动做 5—10 分钟即可。

★ 运动后进行沐浴

在打完篮球之后可以通过沐浴的方式快速摆脱疲劳。比如，盆浴，水温在 40℃左右，浸泡时间为 20 分钟左右。浸泡过后用冷热水交替进行淋浴，冷水水温为 15℃左右。经过热水的刺激，血管会得到扩张，进而加速血液循环与新陈代谢，让体内的废物快速排出，消除皮肤上的污垢，使肌肉得到充分放松，让神经得到舒缓，利于睡眠。

★ 运动后做按摩

按摩可以加速血液循环，促使机体的恢复。按摩应该安排在沐浴之后。对参与篮球运动的青少年而言，按摩应该集中在背部、小腿及肩部的肌肉。按摩的力道不要一上来就很大，而要先试着轻轻按，如果能接受，再尝试大一点的力道。一般按摩 20 分钟即可。

★ 补充营养

篮球训练或比赛会消耗青少年很多体能，所以运动之后应及时补充营养。

补充营养不可贪多、求快，否则将不利于消化，加重肠胃负担。不要放开肚皮大吃特吃，而应该本着少食多餐的原则，确保吃到肚子里的营养物质得到最大程度的吸收。

另外，青少年不要因为不喜欢一种食物的口感或味道就坚决不吃它，否则很可能缺失一些营养。比如，虽然芹菜的味道有些奇怪，但其营养极为丰富，既含有多种维生素又含有一定量的蛋白质。

参加完篮球训练或比赛后，青少年可以适量地吃一些富含维生素的水果（如猕猴桃、葡萄、苹果、草莓等）、蔬菜（甘蓝、青椒、番茄、胡萝卜等），并且摄入一定量的蛋白质（如鸡蛋、牛奶、豆制品等）。

营养补充要充足、均衡

★ 补充睡眠

补充睡眠是一种有效的消除疲劳、恢复精神和体力的方式。青少年要养成良好的作息习惯，早睡早起，保证每天有充足的睡眠。

篮球运动常见意外

----● 篮下畅聊 ●----

　　在篮球场上，青少年很容易因为各种因素而发生意外。一旦发生意外，不仅会影响训练或比赛的进程，还可能会给青少年的身心带来不小的打击。那么，哪些问题会引发意外呢？篮球运动中常见的意外有哪些呢？

🏀 哪些问题会引发运动意外

　　为了赢得比赛，每一个青少年都会拼尽全力地跑、夺、闪、跳等。可想而知，在如此激烈的运动中，青少年要减少意外的发生并不是一件容易的事情。然而，如果青少年了解意外发生的原因，那么将能在一定程度上预防意外的发生。

导致运动意外的原因有很多，这里简单总结出以下几个常见的原因：

★ 准备工作不到位

有些意外如扭伤、拉伤等，往往就是因为在篮球训练或比赛之前没有做好准备工作而造成的。比如，因为没有进行腕部的热身活动而在传球时发生了腕部的扭伤。再如，因为不在意球鞋的功能，穿了一双帆布鞋就上场训练，可能因为鞋底太滑而跌倒。

★ 身体素质或心理素质较差

青少年的身体素质差或者心理素质差也是发生意外的原因。比如，灵敏素质较差的青少年会因为没能及时扭转身体而遭到对方的强烈撞击，发生了腰部扭伤。再如，面对紧张激烈的比赛，心跳加速，身体颤抖，很容易因为身体不协调或注意力不集中而摔倒或发生碰撞。

★ 身体状态不佳

不少青少年在训练或比赛前其实就已经出现了生理上的问题，如伤病未痊愈，但他们总是因为不想错过任何一次打篮球的机会而强撑着参加训练或比赛，这样就容易加重伤情，甚至造成不可逆转的后果。

★ 场地、器材等的影响

场地、器材等存在隐患很可能会导致青少年发生意外。

比如，有些户外篮球场在雨后容易积水，如果没能得到及时清理，青少年在湿滑的地面打篮球就可能摔伤。

又如，有的室内篮球场通风非常差，很容易使青少年没跑几步就觉得呼吸不畅，有时还会因为身体热量得不到很好的发散而中暑。

再如，一些篮球场地的建造没有考虑灯光问题，安装了许多刺眼的灯，所以经常会使正在打篮球的青少年无法看清对面的情况，从而与其他队员发生猛烈的碰撞，甚至造成身体上的擦伤、扭伤等。

此外，篮球场地地面不平整、过硬、过滑，也容易引发摔伤、撞伤等意外情况。

湿滑的篮球场地

青少年篮球运动常见意外

★ 扭伤

扭伤，即躯干部位的软组织或四肢关节的损伤，但没有发生骨折或脱位等。在篮球场上，最容易发生的意外就是扭伤。扭伤分为轻症和重症。

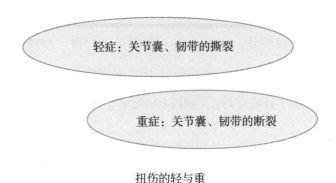

轻症：关节囊、韧带的撕裂

重症：关节囊、韧带的断裂

扭伤的轻与重

在打篮球的过程中，青少年发生扭伤的原因很可能是：转身过于猛烈、动作幅度太大、技术动作过于僵硬或受到对手的猛烈撞击等。

★ 拉伤

拉伤，即肌肉在运动中急剧收缩或过度牵拉造成的损伤。

在篮球场上，青少年很容易因为准备工作没到位，如没有充分热身，或者因为技术动作不合理、不协调等而造成肌肉拉伤。

在打篮球时，球员必须在该用力的时候用力才能达到预期的状态，但如果用力过大，如在发力的瞬间肌肉被牵拉的幅度或力量超出其可承受的范围，将很容易发生肌肉的撕裂，造成肌肉拉伤。

★ 挫伤

挫伤，即在钝性暴力或重物的作用下造成的皮内或 / 和皮下及软组织损伤。

在篮球场上，双方球员之间会频繁地有身体接触、碰撞等。这些只要力度不大、幅度正常，就不会给双方球员带来太大影响。然而，经常有些球员因为动作不当或情绪控制不好而有意与对方发生肢体上的接触，从而造成损伤。比如，当一方球员手持球、两腿交叉跨步准备进攻时，另一方球员为了成功防守而故意用膝盖顶撞进攻球员的大腿前外侧，结果导致防守球员的股四头肌发生挫伤。

★ 旧伤复发

陈旧性损伤是指急性损伤没得到及时和正确的治疗，或者没有治愈又再次受伤。陈旧性伤病容易因为受伤组织没有及时生长修复或者修复不全而反复发病，给青少年的身体带来很多痛苦和不便，如经常感觉到疼痛、组织发硬、活动受限等。篮球运动中容易发生的陈旧性伤病主要有腰肌劳损、髌骨软骨病等。

了解了篮球运动中意外发生的原因及常见的意外，有助于青少年在篮球运动中有效预防意外情况的发生。

温故知新

虽然获得好的比赛成绩是每一个参与篮球运动的青少年的目标，但也不要为了达成这个目标而忽视了运动安全。

在篮球运动中，青少年必须注意运动安全并了解一些常见意外发生的原因。首先，要懂得脱水的危害，并能在运动前、运动中、运动后做好科学补水。其次，要正视运动疲劳，并能准确判断自己是否疲劳，进而采取相应的方法快速摆脱疲劳。最后，要了解运动意外是如何产生的，并能根据意外发生的原因避免意外。

青少年要清楚的是，参与篮球运动最重要的目的是拥有健康的体魄。因此，千万不要忽视运动安全，否则就犯了本末倒置的错误。

参考文献

[1] 激情篮球编写组.激情篮球 [M].北京：世界图书出版公司，2010.

[2] 仇慧.高校篮球教程 [M].哈尔滨：哈尔滨工业大学出版社，2006.

[3] 高山，JUZPLAY 运动表现训练.青少年篮球入门教程：全彩图解视频学习版 [M].北京：人民邮电出版社，2020.

[4] 胡磊，张超.篮球运动技战术与体能营养研究 [M].成都：西南交通大学出版社，2018.

[5] 贾志强，贺金梅.篮球基本技术课堂 [M].北京：北京体育大学出版社，2015.

[6] 蒋龙元，张月华.运动损伤的自救与互救 [M].北京：科学技术文献出版社，2009.

[7] 李成名，杜祥.图解篮球个人技术：入门训练 60 项目 [M].北京：人民邮电出版社，2020.

[8] 罗炜樑.科学跑步：跑步损伤的预防与康复指南 [M].北京：清

华大学出版社，2019.

[9] 刘佳，朱景宏.篮球入门 [M].长春：吉林科学技术出版社，2015.

[10] 刘义峰，王寿秋，李树伟.大学生篮球运动 [M].哈尔滨：黑龙江教育出版社，2009.

[11] 名师出高图编写组.篮球快速入门到精通 [M].北京：化学工业出版社，2015.

[12] 孙民治.篮球运动教程 [M].北京：人民体育出版社，2006.

[13] 孙民治.现代篮球高级教程 [M].北京：人民体育出版社，2004.

[14] 田玉军.实用篮球技战术解析 [M].北京：中国商务出版社，2008.

[15] 王硕，牛雪彤.看图学打篮球 [M].北京：人民邮电出版社，2015.

[16] 王正伦.教你打篮球 [M].南京：江苏凤凰科学技术出版社，2013.

[17] 张宏杰，陈钧.篮球运动成功训练基础 [M].北京：北京体育大学出版社，2004.

[18] 张亚辉，王成军，杨君伟.实用篮球教学理论与方法 [M].西安：西安地图出版社，2007.

[19] 周龙，吕俊莉，孙卫星.高校篮球综合训练理论与实践 [M].北京：当代中国出版社，2011.

[20] 张军.青年篮球运动员体能的营养支持研究 [D].苏州：苏州大学，2006.

[21] 艾东明.篮球运动员补水问题的探讨 [J].牡丹江师范学院学

报，2005，（2）：27-29.

[22] 陈龙 . 篮球运动中球性热身练习十法 [J]. 体育教学，2004，（5）：30.

[23] 董晓平 . 街头篮球：我们也是可以的 [J]. 教育家，2017，（3）：48-49.

[24] 霍鹏峰，殷志栋，蔡丽萍，等 . 浅析篮球训练和比赛中合理补水的重要性 [J]. 中国环境管理干部学院学报，2006，（3）：119-121.

[25] 刘松 . 街头篮球活动的特征与价值探析 [J]. 科技资讯，2014，（33）：205-207.

[26] 刘中永 . 青少年运动员的运动营养与疲劳消除研究 [J]. 青少年体育，2019，（11）：80-81.

[27] 刘子瑞 . 简析篮球运动员心理素质训练 [J]. 运动，2017，（12）：21-22.

[28] 束长平 . 青少年运动员的运动营养与疲劳消除研究 [J]. 食品界，2021，（8）：114-115.

[29] 宋淑英 . 青少年篮球运动员心理素质提高研究 [J]. 南国博览，2019，（9）：193-194.

[30] 王平喜 . 中学生篮球训练和比赛要合理补水 [J]. 湖南教育，2005，（8）：39.

[31] 王玮 . 青少年运动训练疲劳以及恢复方法研究 [J]. 体育视野，2021，（3）：65-66.

[32] 王昱翔 . 青少年篮球训练中的战术意识与心理素质培养研究 [J]. 青少年体育，2020，（10）：80-81.

[33] 吴晓敏 . 青少年篮球运动员心理素质提升路径探析 [J]. 青少年

体育，2019，（12）：41-42.

[34] 徐斌 . 论艺术视野下花式篮球与篮球教学的融合 [J]. 杨凌职业技术学院学报，2015，（2）：72-75.

[35] 余洋 . 运动中补水的作用和方法初探 [J]. 体育世界，2007，（4）：52-53.

[36] 张东海 . 三人篮球和街头篮球的文化异同 [J]. 新闻战线，2014，（7）：163-164.

[37] 张伟 . 浅谈篮球运动前的热身运动 [J]. 体育博览，2011，（10）：143.

[38] 周振茂，齐丰收 . 运动性疲劳发生机制与恢复 [J]. 池州学院学报，2021，（3）：97-100.

[39] 朱常超 . 青少年篮球运动员运动性疲劳的评定与恢复 [J]. 新课程学习，2012，（4）：156-157.